RÄTIKON READER

BUCHER

DER WEG!
DER WEG!

„Das Grau wird zu Schwarz, der Wind zum heulenden Sturm, der Regen zum Wolkenbruch. Die Blitze zucken ununterbrochen. Unheimlich rollen die Donnerschläge durch die Wand. In gewaltigem Bach stürzt das Wasser durch die Rinne, gießt es über die Mauern. Steinlawinen krachen an mir vorbei, gellend tönt ihr Aufschlag in das Heulen des Sturmes hinein".

— Walter Stösser: Unheimliche Südwandschlucht der Drusenfluh, in: Vorarlberg, eine Vierteljahreszeitschrift, Nr. 7, Heft 3, 1969, Seite 62.

1. Auflage 2009, 2.000 Exemplare

Bucher Verlag
Hohenems – Wien
www.bucherverlag.com

Wanderer, Autor, „Fotograf“:
Hermann Braendle, Bregenz

Lektorat: Peter Natter, Dornbirn

Gestalter: Sigi Ramoser, Christian Feurstein,
Sägenvier Designkommunikation, Dornbirn
www.saegenvier.at

Druck: BUCHER GmbH, Hohenems

Bindung: Eibert, Eschenbach

Printed in Austria

ISBN 978-3-902679-15-4

Hermann Braendle

RÄTIKON READER

Weiter Himmel, wilder Fels. Bergwandern im Rätikon.

RÄTIKON

Was für ein Wort! Es drückt etwas Geheimnisvolles aus und klingt nach Wucht und Größe! Was Wanderer im Rätikon erwartet, ist nichts weniger als ein Rausch der Sinne!

Das Grün und Braun im Frühling,
Sommer, Herbst.
Das flammende Gelb der Lärchen.
Das Flüstern des Windes.
Das Pfeifen von Murmeltieren.

Das Rauschen der wilden Wasser.
Das tiefe Grau von Fels und Stein.
Das hohe Blau des Himmels.

Smells Like Mother Nature.

s' Schalanzabächle nüschterlet
und's ewig Is glaschtat

INHALT

— Drusentor, 2.342 m —

AM FUSSE DER FELSEN

Wer schon mal mit Hendrix' *All along the Watchtower* im Ohr zum Drusentor hinaufgestiegen ist, es könnte aber auch genauso gut *Sonne* von Rammstein sein, weiß, wovon ich rede: im Rätikon betritt man das Reich der wilden Felsen. Über dir der Himmel, vor dir Gras und Stein und dazu der ruhige Rhythmus deines Fußes.

Der Name Retico wurde vom St. Galler Humanisten Vadian irrtümlicherweise auf die heutige Rätikonkette bezogen und ist damit zu einem neuen geografischen Begriff geworden.

Anders als zu den Pionierzeiten des Alpinismus, sind unsere Berge heute Erinnerungslandschaften, die von diversen Marktgrößen besetzt sind: vom Tourismus, von der Werbung, von Event und Unterhaltung. Für Rainer Brämer ist die Natur ein wertvolles Psychotop, andere sehen in ihr eine Chill-out-Zone für Menschen, bei denen eine Naturbegegnung eher die Ausnahme darstellt. Für mich selbst sind die Berge ein angenehm medienfreier Raum und damit Balsam für unsere rot geränderten Augen, die drunten im Tal täglich unter dem visuellen Overkill leiden.

Der Rätikon Reader richtet sich an alle, die gerne im Gebirge wandern oder das Bergwandern lesend entdecken wollen. Fern von Heidi-Romantik oder den Tauschwerten der Tourismusmanager. Im Reader versuche ich eine ausgewogene Mischung aus Wandertipps, Geschichten, Erzählungen, Sagen, Originalberichten, Sekundärliteratur und Gesprächen mit Kennern - alles auf den Rätikon bezogen. Das ist neu. Das ist spannend.

Als ich zwölf Jahre alt war, las ich „Die „Weiße Spinne“ von Heinrich Harrer. Kurz- und Hinterstoisser-Drama, Corti-Drama, Todesbiwak, Götterquergang, die Spinne. Ich brannte lichterloh für den Berg. Und tat: nichts! Später, ja sehr viel später, konnte ich über das Bergwandern diese Leidenschaft wieder aktivieren.

Eigentlich bin ich ein Nachtmensch. Früh aufstehen fällt mir schwer. Matrazenlager sind mir verhaßt. Lange Zeit war ich ein Commuter auf der Strecke London-Bregenz-London. Dann aber führte mich meine Freundin auf eine vergessene Spur: zum großen Gehen hinauf unter den weiten Himmel. Heute sind mir die Strecken Feldkirch-Brand, Feldkirch-Nenzing oder Feldkirch-Tschagguns vertrauter. Sie führen ins Gebirge. In den Rätikon, wo alles zusammenkommt, was mich erreicht und berührt: hoch gelegene, satte Graslandschaften, Steingärten in blühendem Grau und schaurig schöne Felsenriffe soweit das Auge reicht.

RÄTIKON RELOADED

Wenn sich hoch oben wuchtige Finsterfelsen vor dir auftürmen wie Wolkenkratzer in der 5th Avenue, dann geht der Schwindel direkt in deinen Bauch. Es zieht. Wenn dir im Hochsommer ein Wildbach die weiße Gischt wie ein Ventilator entgegenbläst, dann geht die klare Luft direkt in deine Lungen. Es kickt. Und wenn im Herbst die Lärchen wie Feuersäulen vor dir stehen, dann geht das Gold direkt in dein Herz. Es brennt!

Die ausgewählten Touren sind subjektiv, ohne Anspruch auf Vollständigkeit. Wer sowas sucht, ist nach wie vor mit dem Flaig Führer bestens bedient (Günther Flaig: Rätikon, München 1999). Ich bin jede Tour selbst gegangen, habe die Fotos gemacht, die Texte geschrieben und habe die geschichtlichen Kapitel recherchiert. Meine Tour-Begleiter sind Sprache, Bild und Stil, das also, was man bei vielen Wanderführern auch heute noch vergeblich sucht.

Hermann Braendle, Bregenz, 2009

DREI SCHWESTERN

STEINWÄRTS: AMERLÜGEN – DREI SCHWESTERN 2.053 m – GARSELLA ALPE – AMERLÜGEN

DREI SCHWESTERN

DIE ROUTE

Von Amerlügen führt eine schmale Straße Richtung Gaudenzi-Alpe. Nach wenigen Kilometern das Auto auf einem kleinen Parkplatz stehen lassen. Hier beginnt die eigentliche Tour: auf der leicht ansteigenden Forststraße bis zur Plätzlehütte, dann rechts einen recht steilen Forstweg zum Hinterälpele hinauf. Jetzt, vorbei an einem ehemaligen Zollhäuschen, stetiger Anstieg bis zu einer markierten Weggabelung: links geht es zur Alpe Garsella (auch von dort kann man auf die Drei Schwestern steigen), die Direttissima führt durch einen steilen Latschenhang zum Fuß der sagenumwobenen Schwestern-Türme.

Durch ein Felsenfenster hindurch fängt nun der eigentliche Drei-Schwestern-Steig an: als schmaler Fußpfad zieht die „Stein-Chaussee" an schwindelerregend abfallenden, hellgrauen Dolomittürmen vorbei. Lange Drahtseile dienen als Geländer und über zwei senkrechte Eisenleitern überwindet man größere Felsstufen. Holzbohlen in kühnen Kaminen, verkeilt als Trittstufen, erleichtern den weiteren Aufstieg. Immer wieder zeigen ruffreudige Bergdohlen ihre wendigen Flugkünste. Links sieht man zwei der drei Schwesterngipfel mit Kreuzen. Wer da rauf will, muss klettern. Der Pfad rankt sich weiter nach oben durch bizarre, monochrome Kalksteinformationen, bis man schließlich auf dem Gipfel, der Großen Schwester, steht. Kein Gipfelkreuz, dafür grenzenloser Rundumblick: Sulzfluh, Wildberg, Schesaplana, Panüeler, Rheintal. Tief unten liegt die Garsella-Alpe, klein wie Spielzeug. Von dort gelangte auch der Erstbesteiger, John Sholto Douglass, 1870 auf den Gipfel der Schwestern.

Der Rückweg geht hinunter zur Garsella-Alpe und folgt dem wildromantischen Garsellaweg unter den Ostwänden der Drei Schwestern am Fuße der Felsenfigur des „Bischofs" (auch Pfaffenkopf genannt) bis zum Garsellaeck. Von dort zum Hinterälpele und vorbei an der Plätzlehütte zum Parkplatz.

GARSELLASATTEL

Eine Wegvariante von heftiger Schönheit ist die Route Hinterälpele, Garsellaeck, Garsella Alpe, Garsellasattel und wieder zurück. Der Name Garsella kommt wahrscheinlich vom rätischen Clusella, was soviel wie Klause bedeutet. Vom Garsellaeck schlängelt sich der anarchische Pfad unter den Ostwänden der Drei Schwestern entlang. Vorbei an der Felsenfigur des „Bischofs" kommt man auf die Schafalpe Garsella (1.759 m). Was für ein Bild! Links wuchten sich die Garsellatürme empor, die sich wie stumm hockende Figuren bis zum Garsellakopf (2.105 m) aufreihen. Am Fuße dieser Hünen weiden Schafe und manchmal hört man das Echo ihres Blökens. Es klingt beinahe wie das unheimliche Echo des kauzigen Piraten Ben Gun im Film „Die Schatzinsel".

Von der Alpe ist man in einer Stunde auf dem Garsellasattel und geht dabei durch eine entzückend leuchtende Alpenrosenlandschaft. Links die Garsellatürme, rechts die Drei Schwestern. Auf dem Joch sensationeller Tiefblick nach Liechtenstein hinunter. Der pyramidenartige Garsellakopf thront friedlich über dem Alpidyll. Paradise regained.

Zurück geht's zur Alpe, dann über den Garsellaweg zum Hinterälpele und von dort hinunter nach Amerlügen. —

ROUTENINFOS:

Amerlügen – Hinterälpele – Sarojasattel – Drei Schwestern – Alpe Garsella – Sarojasattel – Hinterälpele – Amerlügen

ART: Wanderweg, alpiner Steig

HÖHENMETER AUFSTIEG: von Amerlügen ca. 1.300 m

DAUER/GEHZEIT: Drei Schwestern gesamt ca. 7 h, von Amerlügen ca. 3,5 – 4 h, retour ca. 3 h / Garsellajoch gesamt ca. 5 – 6 h, von Amerlügen ca. 4 h, retour ca. 2 h

ROUTENVARIANTE: Amerlügen – Hinterälpele, Sarojasattel – Garsellaeck – Garsella Alpe – Garsellajoch – Garsella Alpe – Garsellaeck – Hinterälpele – Amerlügen

AUSRÜSTUNG: gute Bergschuhe, Sonnenschutz, Kopfbedeckung, Wasser

AUSSICHT: Schesaplana, Panüeler, Sulzfluh, Naafkopf, Garsellakopf, Hohe Köpfe, Panorama

ERSTBESTEIGUNG: John Sholto Douglass 1870

— Felsenfigur des Bischofs, Drei Schwestern —

über die Garsella-Alpe
NACHBARGIPFEL: Garsellakopf 2.105 m
NACHBARSTEIG: Fürstensteig/FL (mit dem Drei-Schwestern-Steig verbunden)
EINKEHRMÖGLICHKEIT: Hinterälpele im Sommer bewirtschaftet (Getränke/kleine Imbisse)
BESTE WANDERZEIT: Juni, Juli, August, September
ÖFFENTLICH: Landbus 73 a Frastanz/Bahnhof nach Amerlügen, Fahrplan: www.vmobil.at
KARTE: Vorarlberg Atlas auf http://vogis.cnv.at

DREI SCHWESTERN, ZU STEIN ERSTARRT

John Sholto Douglass sagt über die Drei-Schwestern-Spitze, sie sei eine eigentliche Felsenburg, schroff und nackt. Karl Blodig bezeichnete die Drei-Schwestern-Berge als einen gewaltigen Koloss und eine isolierte Pyramide. Für Hermine Flaig stehen die Drei Schwestern wie eine Krone über dem Land.

Der Sage nach sind die Drei Schwestern drei Frauen aus Frastanz, zu Stein erstarrt. Sie sollen an einem hohen kirchlichen Feiertag hier Heidelbeeren gepflückt haben, statt zur Kirche zu gehen und auf das so genannte Venediger Männlein getroffen sein. Dieser habe von hier oben immer gewaltige Mengen von Gold geholt und weil er um seinen Schatz fürchtete, verwandelte er die drei Frauen zu Stein mit den Worten: „So sollt ihr auch zu Nichts werden, als zu drei kahlen Felsen, ohne Gras und Laub, ohne Bäume und Frucht, und unter euch soll mein Goldborn verborgen rinnen, und kein Sterblicher soll ihn finden.“ Alsbald wurden die drei Mädchen starr vor Schreck und zu Stein vor dem Fluche.

— Drei Schwestern Steig —

Mehr dazu im Kapitel „Bergsteiger, Bären und Bann“.

—John Sholto Douglass: Der Drei-Schwestern Berg bei Frastanz, in: Norman Douglass: Monographs Vorarlberg „Together“, 1872.
—Karl Blodig: Wanderungen im Rätikon, in: Zeitschrift des Deutschen und Österreichischen Alpenvereins, Band 31, 1900, Seite 19 bis 20.
—Hermine Flaig: Im westlichen Rätikon, in: OeAV-Mitteilungen, Jahrgang 33/103, 1978, Seite 81 bis 82.
—www.sagen.at

DER NAME DREI SCHWESTERN

Der Bergname „Drey Schwestern“ wurde bereits 1608 im Urbar der Herrschaft Sonnenberg verwendet, die Sage wird also schon einige hundert Jahre erzählt.

Übrigens gibt es fast überall auf der Welt *landmarks* die den Namen „Drei Schwestern“ tragen. Bekannt sind z.B. die „Three Sisters“ – Felsenfinger im Monument Valley/USA, wo in den 50iger Jahren John Wayne und Regisseur John Ford einige ihrer populärsten Western gedreht haben.

—Heinz Schurig: Sage: Die drei Schwestern, Online-Publikation, www.frastanz.at, Stand: Mai 2009.
—www.wikipedia.de

— Garsellaweg —

BERGSTEIGER, BÄREN UND BANN

Die Drei Schwestern: verzauberte Felsen, die bezaubern. Im Garsella-Gebiet trieben sich nicht nur zwei der letzten Bären Vorarlbergs herum, der Sage nach wurden hier oben drei Mädchen aus Frastanz in Stein verwandelt, weil sie einem Magier, der im Saminatal Gold holte, in die Quere kamen.

DIE ERSTBESTEIGUNG

John Sholto Douglass, Fabriksbesitzer und Bergsteiger aus Thüringen, und sein Begleiter, der Jäger Wieser aus Frastanz, standen 1870 wohl als Erste oben auf den Drei-Schwestern-Gipfeln. Darüber schrieb Douglass: „Die Drei-Schwesternspitze sieht eben (...) nicht gerade so aus, wie zu einem Spaziergange geeignet. Sie ist eine eigentliche Felsenburg, schroff und nackt (...) Und doch geht's (...) und dieses wo hat mich eben damals vor zwei Jahren der alte Gemsjäger Wieser in Frastanz gelehrt."

Die zwei niedrigen nördlichen Türme wurden nach dem Feldkircher Bergsteiger Julius Volland (er war 1875 nach John Sholto Douglass der Zweite auf den Drei Schwestern; auch Freund des Dornbirner Alpinisten Babtist Hämmerle) und dem Turnvater Jahn als „Volland- und Jahnturm" benannt, später aber wieder einfach in die Mittlere und Kleine Schwester umbenannt.

Den Drei-Schwestern-Steig bezeichnen Walther und Günther Flaig als eine der „schönsten alpinen Steiganlagen" im Rätikon. Gebaut wurde der viel begangene Steig schon 1897 von Christian Küng in der Amtsperiode von Heinrich Hueter, dem vierten Obmann der Alpenvereinssektion Vorarlberg (bekannt als der Alpenvereins-Hueter).

Ludwig von Hörmann berichtet, dass bei der feierlichen Eröffnung des Drei-Schwestern-Steiges zwischen 800 - 900 Personen dabei waren, auch eine ziemliche Anzahl Damen, wie man aus einer gelungenen photographischen Momentaufnahme des Herrn Galanteriewarenhändlers K. Moosmann aus Feldkirch ersehe.

—John Sholto Douglass: Der Drei-Schwestern Berg bei Frastanz, in: Norman Douglass: Monographs Vorarlberg „Together", 1872, Seite 103.

—Josef Zösmair: Die Bergnamen Vorarlbergs, Dornbirn 1923, Seite 20.

—Günther und Walther Flaig: Rätikon, München 1953, Seite 175.

—Walther Flaig: 100 Jahre Alpenverein in Vorarlberg, in: Vorarlberg, eine Vierteljahreszeitschrift, 7. Jg., Heft 3, 1969, Seite 11.

—www.sagen.at

DIE NACHT DER BÄREN

Bei einer Nachtwanderung auf die Drei Schwestern 1888 entdecken der Bergsteiger Karl Blodig und sein Freund unterhalb des Garsellakopfes Spuren ganz eigentümlicher Art: „Es waren 25-28 cm lange und 8-10 cm breite Fußstapfen, neben denen andere etwa 7 cm lange und 5 cm breite einherliefen. Vorne waren entsprechend tiefe Eindrücke von Krallen ausgeprägt. Wir riefen sofort wie aus einem Munde: das sind Bären und zwar eine Alte und das Junge. Die Spuren liefen vom Rheintale nach dem Saminatal; die Bärin wurde tatsächlich vier Tage später im Fläschertälchen am Falknis zur Strecke gebracht."

Die letzten Bären in Vorarlberg wurden 1892 beobachtet. Im Gamperdonatal fand ein Jäger eine tote Gams, welcher ganze Stücke Fleisch und Haut vom Leibe gerissen waren. Zur selben Zeit soll ein Jäger im Saminatal einen Bären wirklich gesehen haben. Er habe es aber nicht gewagt, auf ihn zu schießen.

—Karl Blodig: Wanderungen im Rätikon, in: Zeitschrift des Deutschen und Österreichischen Alpenvereins, Band 31, 1900, Seite 294.

—Klaus Fessler: Die Geschichte der Bären in Vorarlberg und Umgebung, o. J., Seite 8.

FELSENSCHWESTERN: DAS VENEDIGER MÄNNLEIN

Vor überlanger Zeit kam oftmals ein Venediger Manndl in diese Gegend und holte von hier, vorzüglich aber vom nahen unbewohnten, jetzt waldigen Saminathale, welches zwischen den drei Schwestern und dem Ziegerberg liegt, Gold in Hülle und Fülle...

Nun wohnten zu Frastanz drei Schwestern, welche an dem hohen Mariahimmelfahrtstag leichtsinnig und gottlos statt in die Kirche zu gehen, in aller Frühe auf den Berg gingen, um Heidelbeeren zu pflücken, die da in Menge wuchsen, und sie dann in dem nahen Feldkirch verkauften. Da trafen sie dort den Venediger, der sie anfuhr: Was macht ihr heut da? Jene erschraken im Bewusstsein, einen so hohen Festtag schnöden Gewinnes wegen entheiligt zu haben und sagten: Nichts! Nichts! Nichts! Da sprach der Zauberer mit rauher Stimme: „So sollt ihr auch zu Nichts werden, als zu drei kahlen Felsen, ohne Gras und Laub, ohne Bäume und Frucht, und unter euch soll mein Goldborn verborgen rinnen, und kein Sterblicher soll ihn finden." Alsbald wurden die drei Mädchen starr vor Schreck und zu Stein vor dem Fluche; denn dadurch, dass der Zauberer Macht über sie gewonnen hatte durch ihre Missetat, erlöste er sich und übergab sie an seiner Stelle dem Bösen. Noch stehen und starren die drei Schwestern als so viele Felsenhäupter, aber der Venediger ward nie mehr gesehen, und sein Born quillt nicht mehr zu Tage, und die drei Schwestern blicken ernst herab in das obere Rheinthal, auf Vaduz und in das Land Liechtenstein.

—www.sagen.at

WENN SCHWESTERN FREVELN

Interessanterweise stehen in den Sagen aus unserer Gegend meistens goldsuchende Zwerge, fahrende Schüler und Wildmännlein im Mittelpunkt. Für Franz Häfele lässt die Sage von den Drei Schwestern, die über einem verborgenen Goldbrünnlein thronen, eindeutig an die Nornen am Urdarbrunnen denken, während das Venedigermännlein an die Zwerge, die den Hort der Nibelungen hüten, erinnere.

Nornen sind Schicksalsfrauen in der germanischen Mythologie, die den Aspekt des Mutterarchetyps verkörpern (das Mütterliche, Hegende, Beschützende aber auch das Verschlingende, Vergiftende, Unentrinnbare). Den Venedigermännlein werden sagenhafte Eigenschaften angedichtet: so können sie angeblich fliegen, haben ihr geheimes Wissen direkt vom Teufel und sollen arme Bauern für gute Taten fürstlich belohnt haben.

Man muss aber die Drei-Schwestern-Sage nicht in diese Richtung interpretieren. Wolfgang Morscher (www.sagen.at) meint, dass es hier vielmehr um eine Regionalerzählung mit realistischem Hintergrund geht: bei den Drei Schwestern handelt es sich um ein Frevelmotiv, da sie an einem Feiertag einer Arbeit nachgingen und damit gegen das christliche Arbeitsverbot verstoßen haben. Die Venediger waren wirklich existierende italienische Prospektoren, die auch bei uns in den Alpen nach geologischen Bodenschätzen suchten. Ihre Prospektions-Wanderungen an Bächen und in schwer zugänglichen Tälern waren den Einheimischen natürlich suspekt. In der Drei-Schwester-Sage dürfte der Venediger auf der Garsellanegg das Gold im Goldwässerle nicht geschürft, sondern gewaschen haben. In Summe also eine durchaus realistische Schilderung eines goldwaschenden Italieners, der sich nicht gerne von beerenpflückenden Mädchen beobachten ließ.

—Franz Haefele: Aufsätze und Bilder aus der Geschichte Vorarlbergs und seiner Umgebung, Dornbirn 1922, auf: www.sagen.at

—www.wikipedia.org

—Emailkorrespondenz vom 27. März 2008 mit Wolfgang Morscher, Zentraler Informatikdienst, Universität Innsbruck.

DER TOD IM TRAUM: JOHN SHOLTO DOUGLASS

Der Sohn eines Adeligen aus Schottland lebte in der Villa Falkenhorst in Thüringen. Er war nicht nur ein begeisterter Berggeher, Kletterer und Jäger, er war von den Bergen regelrecht besessen. Seiner jungen Braut, Vanda von Poellnitz, soll er auf die Bitte, sich nicht in zu große Gefahren zu begeben, gesagt haben: entweder sie lasse ihm die Berge oder er lasse sie.

JOHN SHOLTO (1838 - 1874) UND DIE BERGE

Er ist der Sohn des schottischen Adeligen John Douglass of Tilquhillie, der in Thüringen zusammen mit den Gesellschaftern Kennedy, Escher & Sohn 1835-37 die „k. k. privilegierte Baumwoll-Spinnerey und Weberey" als eine der ersten Baumwollspinnereien des Landes errichtete.

Als 15th Lord of Tilquhillie übernimmt John Sholto Douglass von seinem Vater die Fabrik und wohnt auf dem Familiensitz in der Villa Falkenhorst. Mit seiner Frau, Vanda von Poellnitz, hat er vier Kinder: John William, George Norman, der spätere bekannte Reiseschriftsteller, Mary Fairbairn, die 1893 als erste Frau auf dem Gipfel der Zimba stand und Robert Ernest, der schon als Baby starb (1867) und an der Seite seines Vaters auf dem Evangelischen Friedhof in Feldkirch begraben liegt.

Douglass ist begeisterter Bergsteiger und Kletterer. Grete Gulbransson bezeichnet ihn als einen „wahren Sohn der Berge" und sagt über ihn: „Die Berge vor allem waren es, denen er bald verfallen war, die ihn an sich rissen und die er verstand wie nichts zuvor, über die er alles andere vergaß, denen er sich hingab in hell erwachter Leidenschaft, und denen er schließlich auch sein Leben selbst opferte."

Mit dem Bludenzer Bergführer Ferdinand Heine besteigt er am Sonntag, dem 7. September 1863 (in der Lesart von „Berge und Heimat" 1948 war es der 8. August 1863), zusammen mit Baron Otto von Sternbach die Zimba (2.643 m), das „Matterhorn Vorarlbergs".

Sternbach war Gutsbesitzer in Bludenz und wie Douglass liebte er das Bergsteigen. Die Zimba-Begehung der beiden Freunde war jedenfalls die erste geführte touristische Ersteigung und die vierte überhaupt.

1868 besteigt Douglass mit dem Schrunser Bergführer Christian Zudrell die Sulzfluh, das Schwarzhorn und die Tschaggunser Mittagsspitze. Wie damals anscheinend üblich, wurde, auf dem Gipfel der Sulzfluh angekommen, zuerst einmal Wein getrunken: „Auf der Spitze angelangt, hiess es zuerst sich niedersetzen, (...) dann einen Weinkrug leeren und etwas dazu essen. Erst nach alledem wurden Karten, Compass und Fernrohr hervorgeholt, (...)."

Douglass gelingt 1870 auch die Erstbesteigung des Drei-Schwestern-Gipfels zusammen mit dem Frastanzer Jäger Wieser über die Garsellaroute.

Im September 1874 stürzt Douglass bei der Gamsjagd im oberen Radonatobel bei Dalaas zu Tode (die Douglass-Wand erinnert heute noch daran). Norman Douglas, sein Sohn, schreibt später darüber: „Nichts an ihm war nicht zerschmettert. Sein Gewehr, seine Uhr waren in kleinste Teile zerbrochen. Selbst sein Bergstock wurde in mehreren Stücken aufgelesen."

Zum Gedenken an John Sholto Douglass errichteten Jäger ein hölzernes Kreuz an der Absturzstelle im Radonatobel. Begraben wurde er in Feldkirch auf dem Evangelischen Friedhof.

—Brigitte Truschnegg, John Sholto Douglass 1838-1874, S 69 - 80, in: Andreas Rudigier, Villa Falkenhorst, Bludenzer Geschichtsblätter, 2002.

—Grete Gulbransson: Geliebte Schatten, Berlin 1936, Seite 15.

—Peter Strasser: Montafoner ReiseBilder, Montafoner Schriftenreihe 10, Schruns 2003, Seite 101.

—Bernhard Tschofen: Der Modellfall Schesaplana, in: Zwischen himmelstürmenden Gipfeln, 100 Jahre Straßburger/Mannheimer Hütte und Oberzalimhütte, Mannheim 2005, Seite 38.

—Hans Nägele: Zum fünfzigjährigen Bestande des Deutschen und Österreichischen Alpenvereins, in: Feierabend, Wochenbeilage zum Vorarlberger Tagblatt, 1920, Jg. 2, Seite 29 bis 33.

—Guntram Jussel: Erlebnis Alpenvereinsgeschichte „Section Vorarlberg" – Douglass, Jehly & Co, in: Bludenzer Geschichtsblätter, Heft 85, 2007, 22.

—Emailkorrespondenz über John Sholto Douglass mit Helmut Gerster/Christian Wachter, Verein Villa Falkenhorst/ Geschäftsführung Villa Falkenhorst, vom 21. Jänner 2008.

JOHN SHOLTO IN DER SCHATTENWELT

Tilo von Poellnitz, die Schwägerin von John Sholto Douglass, träumt seinen Tod voraus: „Da sah sie im Traum einen Mann im Jägerwams vor einem Kruzifix am Boden liegen. Und als man ihn aufheben wollte, knickte ihm der Rücken ein, und als die Träumerin seinen Kopf wenden wollte, zu sehen, wessen das Gesicht denn sei, fühlte sie im Kopf ein tiefes Loch. Da erwachte sie voll Grauen, ohne zu erfahren, wer er sei. So aber fand man Sholto, mit gebrochenem Rücken und zerschmettertem Schädel, als er über die tausend Fuß hohe Felswand abgestürzt war."

In der Realität lief die Tragödie folgendermaßen ab: Douglass' Begleiter und seine Jäger hörten einen Schuss und starken Steinfall und sahen, wie etwas über die steile Felswand herunterfiel. Man nahm an, es sei ein von Douglass getroffener Gamsbock und stieg aufwärts, um das tote Tier zu suchen. Doch bald erblickte einer der Jäger in einer Vertiefung den zerschlagenen Körper von Douglass. Unter dem Ausruf: „Da unten liegt mein Herr todt!" sank der Jäger ohnmächtig zusammen. Rock und Weste waren an der Felswand hängen geblieben, der halbe Bergstock lag über, das halbe Gewehr unter dem toten Douglass. Sein Leichnam wurde am folgenden Morgen von zwölf Männern aus Dalaas aus dem Tobel geborgen.

—Grete Gulbransson: Geliebte Schatten, Berlin 1936, Seite 43.

—Nachruf John Sholto Douglass, in: Mitteilungen des Deutschen und Österreichischen Alpenvereins, Jahrgang 1875, Nr. 1, Seite 26 bis 27.

JOHN SHOLTO UND DER ALPENVEREIN

1857 war in London der erste Bergsteigerverein, der „Alpine Club" gegründet worden. In Vorarlberg regten Otto von Sternbach/Bludenz und Josef Andreas Ritter von Tschavoll/Feldkirch die Gründung der Sektion Vorarlberg des Deutschen Alpenvereins an. John Sholto Douglass war ebenfalls Mitbegründer und von 1871 - 1874 Obmann der Sektion.

Die eigentliche Sektionsgründung erfolgte am 1. Dezember 1869 im „Englischen Hof" in Feldkirch (dem heutigen Hotel „Post"), vorläufig noch als Gründersektion des DAV (Deutscher Alpenverein). Die Männer der ersten Stunde waren Adelige oder Industrielle: John Sholto Douglass/Fabriksbesitzer in Thüringen, Freiherr Otto von Sternbach/Gutsbesitzer in Bludenz und Josef Andreas Ritter von Tschavoll/Textilunternehmer und später auch Bürgermeister in Feldkirch.

Unter Douglass' Vorstandschaft wurde dann am 23. August 1873 in Bludenz im „Schützenhaus" die Vereinigung des Deutschen (DAV) und Österreichischen Alpenvereins (OeAV) zum Deutschen- und Österreichischen Alpenverein (DÖAV) vollzogen, der damals größten Bergsteigervereinigung der Welt. Man dachte großdeutsch. Der Zusammenschluss wurde mit einer von Douglass geleiteten Exkursion auf die Schesaplana gefeiert.

Schon 1874 zählte der DÖAV 4.000 Mitglieder (die Sektion Vorarlberg 140) und jährlich wurden es mehr. Die Aktivitäten in unseren Bergen (Wege anlegen, Hütten bauen) förderten den frühen Tourismus maßgeblich.

—Guntram Jussel: Erlebnis Alpenvereinsgeschichte „Section Vorarlberg" – Douglass, Jehly & Co, in: Bludenzer Geschichtsblätter, Heft 85, 2007, Seite 15, 17.

—Guntram Jussel: Berge und Menschen – ein alpines Lesebuch, Bludenz 1995, Seite 134.

—Guntram Jussel: John Sholto Douglass 1838 – 1874, in: Der Bergfreund, Jg. 56, 2004, Seite 16.

JOHN SHOLTO UND DIE DOUGLASSHÜTTE

Die Douglasshütte (vormals Lünerseehütte) wurde im Sommer 1871 gebaut und war überhaupt die erste bewirtschaftete Alpenvereinshütte in den Ostalpen. Ihre Gründung geht auf John Sholto Douglass zurück. In den Bau flossen Gelder, die Douglass und Baron Otto von Sternbach aufbrachten, dazu Gelder des Deutschen Alpenvereins, sowie des Brandner Gastwirts Samuel Kegele und des Bludenzer Bürgermeisters Josef Wolf. Die Bergsteigerunterkunft am damals noch nicht aufgestauten Lünersee wurde zu Ehren von John Sholto Douglass nach seinem Tod 1874 in „Douglasshütte" umbenannt.

Die erste Douglasshütte wurde im Winter 1876/77 von einer Staublawine zerstört. Frau Kegele erzählte, dass sie bei der Hiobsbotschaft ihren Mann erstmals weinen gesehen habe. Die zweite Douglasshütte versank beim Bau der Staumauer (1953-1965) im Lünersee, die neue und dritte Douglasshütte wurde schließlich 1960 mit Unterstützung der Vorarlberger Illwerke eröffnet.

Als der britische Alpinist J.T. Wood die Hütte um 1898 besuchte, riet er seinen Lesern noch, die Hütte zumindest in der Hochsaison zu meiden: „The huts are generally full of what are known as „Thalbummler", whose capacity for food, drink, smoke and noise is practically unlimited."

Im Gegensatz dazu lobt R. Waber bei seinem Besuch 1885 die Hütte: „(...) und das kleine Wirtshaus ist erreicht. Heller Lichtschein fällt aus seinen Fenstern auf die Felsblöcke des Ufers; die Stube ist angefüllt mit Bergfahrern aller Arten und aller Costüme und in der Küche dampft und brodelt es, als ob eine Armee zu bewirthen wäre."

Übrigens: Günther und Walther Flaig weisen richtig darauf hin, dass sich John Sholto Douglass immer mit „ss" und nicht mit „s" oder „ß" schrieb. Richtig muss es also Douglasshütte und nicht Douglashütte/Douglaßhütte heißen.

—Walther Flaig: 100 Jahre Alpenverein in Vorarlberg, in: Vorarlberg, eine Vierteljahreszeitschrift, 7. Jg., Heft 3, 1969, Seite 7 und 8.

—Peter Strasser: Montafoner ReiseBilder, Montafoner Schriftenreihe 10, Schruns 2003, Seite 79/80.

—Walther Flaig: Der Alpenverein vor dem Arlberg, in: Berge und Heimat, Jg. 8, 1953, Seite 220.

—Günther und Walther Flaig: Rätikon, München 1966, Seite 127.

— Drei Schwestern —

KARL BLODIG SUPERSTAR

Der Viertausender-Blodig, wie er genannt wurde, der noch mit 70 fotogen gut aussah, war der erste wirklich Große unter den Vorarlberger Alpinisten. Ganz unbescheiden sagt er von sich selbst: „Und eines Tages wird es von mir heißen: er war ein gewaltiger Bergsteiger (...)."

FREUND VON MALLORY, PURTSCHELLER UND COMPTON

Karl Blodig (1859 - 1956) schaffte als erster Alpinist alle damals bekannten 66 Viertausender der Alpen. Noch mit 73 Jahren (!) hat er die Aiguille du Jardin (4.035 m) bestiegen. Sein Buch „Die Viertausender der Alpen" (1923) zählt zu den alpinen Klassikern. Heute gilt eine Gesamtzahl von 82 bedeutenden und 46 weniger bedeutenden 4000er der Alpen als verbindlich.

Auf ihn gehen zahlreiche „Eroberungen" und neue Anstiege in den Bergen Vorarlbergs zurück. Beispielsweise die Drusentürme im Rätikon 1887, wobei er aber auf dem Großen Turm die Reste einer Signalstange von Vermessungsarbeiten fand (es war also keine Erstbesteigung). 1892 stieg er aber als Erster auf den Kleinen Turm, zudem wurden die Blodigrinne auf die Drusenfluh und der Blodigsattel nach ihm benannt. Seine Publikationen lösten einen Sturm auf die Berge aus. Er schrieb u. a. für die Zeitschrift des Deutschen und Österreichischen Alpenvereins seine bekannten „Wanderungen im Rätikon" (1900 und 1901).

Freunde mit großen Namen waren etwa der englische Himalayapionier George Mallory (1924 war er beim Aufstieg zum Mount Everest auf ca. 8.500 m verschwunden; erst 1999 wurde seine konservierte Leiche auf 8.200 m entdeckt), der österreichische Bergsteiger Ludwig Purtscheller, mit dem er z.B. den Piz Buin bestieg und der englische Maler/Bergsteiger Edward Theodore Compton, der viele von Blodigs Tourenberichten zeichnete und aquarellierte. Als Blodig in Wales auf einem Frühlingscamp einmal George Mallory beim Klettern in einer vereisten Rinne beobachtete, lobte er seine Kletterkünste, soll aber auch gesagt haben: „Dieser Mann wird nicht lange leben."

Als Ehrenmitglied des Österreichischen Alpenvereins, des Schweizer Alpen-Clubs, des englischen Alpine Club und des Londoner Climbers Club war Blodig immer davon überzeugt, dass der Alpinismus dem Menschen ein zweites, höheres Leben, neben seinem Dasein als Arbeitstier geben könne.

—Sepp Herold: Das höhere Leben – der Bergsteiger Carl Blodig, in: Vorarlberg, eine Vierteljahreszeitschrift, Jg. 7, Heft 4, 1969, Seite 6 und 8.

—www.romankoch.ch/alpinismus

—Peter Strasser: Montafoner ReiseBilder, Montafoner Schriftenreihe 10, Schruns 2003, Seite 122.

—www.nytimes.com

DER IMPRESSIONIST IN DEN BERGEN

Blodigs Freund, der Engländer Edward Theodore Compton (1849-1921), zählt zu den wichtigsten Alpenmalern im europäischen Raum. 1909 malte er im Montafon, u.a. den Piz Buin, das Seehorn oder das Gauertal. Der Gauertal-Abschluss mit den Drei Türmen wurde von Compton als der schönste Talschluss der Ostalpen bezeichnet. Seine Aquarelle und Zeichnungen sind oft in der Literatur des Deutschen und Österreichischen Alpenvereins zu finden. In seiner neuen Art der Naturdarstellung legte er auf geographische Exaktheit großen Wert (er befasste sich zum Beispiel auch mit vermessungstechnischen Fragen).

—Peter Strasser, Andreas Rudigier: Montafon 1906 – 2006. Eine Zeitreise in Bildern. Schruns 2006.

—www.wikipedia.org

—Walther und Günther Flaig: Rätikon, München 1966, Seite 66.

GOPPASCHROFEN

WILDER PFAD: GURTIS/BAZORA – GOPPASCHROFEN 1.781 m – BAZORA/GURTIS

GOPPASCHROFEN

DIE ROUTE

Ausgangspunkt ist die Feriensiedlung Bazora bei Gurtis, oberhalb von Frastanz. Vom letzten öffentlichen Parkplatz nimmt man den Bazorahang in Angriff (im Winter wird hier Ski gefahren). Der Weg ist angenehm, wenn auch manchmal recht steil. Eine erste Rast bietet sich auf der Bazora-Alpe an.

Nach einem kurzen Stich hinauf, von der Almwiese in den Wald, beginnt eine spektakuläre Querpassage, großteils unter Schatten spendenden Bäumen. In leichtem Auf und Ab genießt man gemütliches Wandern vom Feinsten. Rechts immer das Tal und die Drei Schwestern im Blick, links auf der Bergseite vorbei an steilen Grashängen, mitten durch ursprüngliche Wiesenmatten mit sattgrünen Gräsern, gelben Trollblumen und Orchideen. Insgesamt sind 4 Tobel zu queren. Der Mischwald wechselt mit lichten Abschnitten, die von Erlen dominiert sind. Auf dem letzten Stück Weg hat man dann plötzlich den Goppaschrofen im Seitenprofil im Blick. Mächtiger Felszack mit zierlichem Kreuz, das als schmale Silhouette auf dunklem Fels in den blauen Himmel ragt. Links unter den Hohen Köpfen grasen drei Gemsen.

Jetzt erinnert eine blau markierte Orientierungstafel daran, dass nun der eigentliche Goppaschrofen-Steig beginnt. Trittsicherheit ist gefordert. Der Weg steigt über ein Schuttfeld leicht schräg nach oben an, im Rücken die markanten Hohen Köpfe (2.685 m). Dann folgt ein steiler, ja ein sehr steiler Pfad über Kurzserpentinen bis zu einem Sattel hinauf.

Auf dem Sattel unbedingt verweilen: vor dir zischt ein Taleinschnitt von ungeheurer Wildheit weg, wie ein alpines Korallenriff, begrenzt von den fast senkrecht stehenden Hohen Köpfen. Es geht jetzt rechts dem Gipfel entgegen. Du bist in einer märchenhaften Felsenwelt. Karg, roh, steil, ausgesetzt, luftig. Dazwischen aber immer wieder die sattgrünen Bergkiefern, die dich ankern. Du könntest genauso gut irgendwo in Utah sein. Es ist eine Hommage an den ruppig struppigen Trapper, der leise durch die einsame Gegend streift.

Der Fußpfad schlängelt sich vorbei an einem Felsenfenster, stellenweise von Drahtseilen gesichert, dem Gipfelkreuz entgegen. Tolle Aussicht aufs Rheintal, den Bodensee, die Drei-Schwestern-Gruppe, Garsellatürme, Garsellakopf und ins Saminatal. Zurück geht es auf dem gleichen Weg wieder hinunter über den Goppaschrofen-Steig zur Bazora-Alpe und weiter zum Ausgangspunkt in Gurtis. —

ROUTENINFOS:

Bazora – Bazora-Alpe – Bremenstall – Goppaschrofen-Steig – Goppaschrofen – Bremenstall – Bazora-Alpe – Bazora

ART: Wanderweg, alpiner Steig

HÖHENMETER AUFSTIEG: von Bazora ca. 750 m

DAUER/GEHZEIT: gesamt ca. 5,5 h, von Bazora ca. 3 h, retour ca. 2,5 h

AUSRÜSTUNG: gute Bergschuhe, Sonnenschutz, Kopfbedeckung, Wasser

AUSSICHT: Drei Schwestern, Garsellatürme, Garsellakopf, Hohe Köpfe, Wurmtal, Saminatal, Rheintal, Bodensee

EINKEHRMÖGLICHKEIT: keine, Bazora-Alpe nicht bewirtschaftet

BESTE WANDERZEIT: Juni, Juli, August, September

ÖFFENTLICH: Landbus 74 Frastanz/Bahnhof nach Gurtis, Fahrplan: www.vmobil.at

KARTE: Vorarlberg Atlas auf http://vogis.cnv.at

DER NAME GOPPASCHROFEN

Der Bergname kommt aus nachromanischer Zeit und bezieht sich auf den an seinem Fuß liegenden Talnamen Vorgoppatobel, was als Schüsseltobel gedeutet werden kann (rätoromanisch val, coppa). Das sehr steile Vorgoppatobel öffnet sich im Talschluss zu einem unwirtlichen Felsenkessel, auf den die Bezeichnung „Schüssel" zutrifft. Urkundlich: 1515 in Vilgoppen, 1783 Vergoppa Tobl.

—Emailkorrespondenz über die Bedeutung des Namens Goppaschrofen mit Christian Neyer, Gemeindeamt Frastanz, vom 16. Juli 2008.

— Goppaschrofenkamm —

— Weg zum Goppaschrofenkamm —

WASSER FÜR FELDKIRCH

Ludwig von Hörmann berichtet von seiner Wanderung durch das Saminatal: „Linker Hand senkt sich vom hinteren Goppen ein Talrunst herab, das Goppetobel. Von ihm bezieht die Stadt Feldkirch seit Jänner 1906 durch die Hochquellenleitung das gesunde herrliche Trinkwasser. Es gilt als das weichste auf der ganzen Strecke Bregenz - Innsbruck."

Das ist auch heute noch so. Ungefähr ein Drittel des Feldkircher Wassers kommt aus dem Saminatal, von der Goppatquelle seit 1906 und von der Falleckquelle seit 1943.

—www.sagen.at

—Emailkorrespondenz über die Goppatquelle mit Ing. Hans Amann, Stadtwerke Feldkirch, vom 21. Juli 2008.

ERZÄHLTES, ERZÄHLBARES UND NICHT ERZÄHLTES

Die Alpen und das Alpine wurden historisch gesehen immer ein Stück weit konstruiert: durch die heldenhaften Erzählungen der Pioniere, durch die Vermessung und Kartierung der Beamten, durch extreme Dramatisierungen von Erstbegehungen oder durch unterhaltsam verfasste Tourenberichte. Über gewisse Dinge aber: großes Schweigen! So wurde auch im Rätikon ein ganz bestimmter Text eingeschrieben, der eigentlich bis heute weiter erzählt wird.

ABSCHREITEN

Dokumentation zum Zwecke von Besitzrechten (Urbar) stand schon auf der Agenda des Vogteiverwalters David Pappus, der im Auftrag des Landesfürsten Erzherzog Maximilian ein Urbar der Herrschaften Bludenz und Sonnenberg herzustellen hatte. Seine „anbefohlenen Grenzbereitungen" führten ihn auch in den Rätikon, durch Gamperdona, Salaruel, aufs Barthümeljoch, ins Saminatal, zum Plasseggenpass, Schweizertor, Gafalljoch, der Gamsluggen, den Brandner Gletscher und 1610 als einer der Ersten auf die Schesaplana.

—David Pappus: Über die Maßen rauh und wild, in: Wolfgang Irtenkauf, Scesaplana: Faszinierende Bergwelt des Rätikon zwischen Vorarlberg, Liechtenstein und Graubünden, Sigmaringen 1985, Seite 44 und 46.

HINAUFKLETTERN

Nikolaus Sererhards Besteigung der Schesaplana 1730 und sein Bericht darüber nimmt bereits das Erfolgsrezept der alpinen Schriftsteller des 19. Jahrhunderts vorweg. Es ist die in poetische Sprache gegossene Begeisterung für die alpine Welt: „Man siehet so weit als es das Auge ertragen mag, nichts als Bergen und Bergen, eine unglaubliche Weite rings umher (…)." Mehr über Sererhards Schesaplana Besteigung im Kapitel „Königin".

—Peter Strasser: Montafoner ReiseBilder, Montafoner Schriftenreihe 10, Schruns 2003, Seite 20.

Historisch bedeutsam dann die Erstbesteigung der Zimba durch den Bludenzer Brunnenmacher Anton Neyer am 7. September 1848. Ein Narrativ, das 1948 mit dem 100. Gedenktag der Zimba Erstbesteigung und 1998 mit prominent besetzten Besteigungen und einem nächtlichen Feuerspektakel am Berg forterzählt wurde und wird. Mehr zu Neyer und zur Zimba im Kapitel „Zimba, die Erste".

—Bernhard Tschofen: Berg, Kultur, Moderne. Volkskundliches aus den Alpen. Wien 1999, Seite 65.

VERMESSEN

Die Absteckung des Territoriums und Vermessungen hatten die beiden Alpenvereinspioniere John Sholto Douglass und Otto von Sternbach im Sinne. Bei ihren Besteigungen machten sie immer auch Messungen. Auf ihrer Zimbatour im Jahre 1863 (geführt von Ferdinand Heine) machten sie Temperatur- und Höhenmessungen und stellten eine 21 Fuß lange Signalstange mit einer rot-weiss-roten Flagge auf dem Gipfel auf. Zudem hinterließen sie ein Album in einer Blechbüchse (eine Art frühes Gipfelbuch).

Otto von Sternbach vermerkt, nachdem sie um acht Uhr ihre mitgebrachte Flagge auf dem Zimbagipfel aufgestellt hatten: „Um 8 ½ Uhr zeigte das Thermometer + 9,40, um 10 Uhr + 11,80, das Höhenbarometer stand auf 246,18 Pariser Linien. Ich bestimmte die Höhe auf 8715 Wiener Fuß."

—Bernhard Tschofen: Berg, Kultur, Moderne. Volkskundliches aus den Alpen. Wien 1999, Seite 139.

—Peter Strasser: Montafoner ReiseBilder, Montafoner Schriftenreihe 10, Schruns 2003, Seite 97.

BESCHREIBEN

1900 und 1901 sorgte Karl Blodig mit seinen in der Zeitschrift des Deutschen und Österreichischen Alpenvereins publizierten „Wanderungen im Rätikon" für eine erste massenhafte Rezeption des Rätikons. Es sind persönliche Begehungsgeschichten, unterhaltsam geschrieben und mit akkuraten Zeitangaben versehen. Im Bericht über seine Zimbabesteigung heißt es z.B. : „Am Morgen des 28. Juli (1887) brachen wir um 5 Uhr 15 Min. auf (…) um 6 Uhr 30 Min. betraten wir die Felsen (…) Schlag 8 Uhr standen wir auf dem höchsten Punkte, neben der vom Blitz arg zugerichteten Signalstange (…) um 12 Uhr marschierten wir in Bludenz ein (…)."

Sein Freund, der Maler/Bergsteiger Edward Theodore Compton, zeichnete und aquarellierte viele von Blodigs Tourenberichten. Mehr dazu im Kapitel „Karl Blodig Superstar".

—Karl Blodig: Zimba, 2.645 m, in: Zeitschrift des Deutschen und Österreichischen Alpenvereins, 1900, Bd. 31, Seite 286 und 287.

DRAMATISIEREN

In den 1930er und 1940er Jahren sorgten Bergsteiger für eine neue Repräsentation des Rätikons: die damals gefürchtete Drusenfluh Südwand bekam einen dunklen, ja gefährlichen Nimbus. 1931 weist die Zeitschrift „Der Bergsteiger" darauf hin, dass ihre Ersteigungsgeschichte „unheilvoll" sei. Diejenigen, die sie bestiegen, wurden in den Rätikonhütten als „Abenteurer des Todes" (Toni Hiebeler) bewundert. Zwischen 1923 und 1929 forderte die Wand drei Tote. Mehr dazu im Kapitel „Abenteurer des Todes".

SCHWEIGEN…

Ein dunkles Kapitel in der Geschichte des Österreichischen Alpenvereins war die Einführung des sogenannten Arierparagraphen. Schon während der Zwischenkriegszeit war man im Verein nationalistisch und antisemitisch ausgerichtet. Die Sektion Austria Wien, die aus dem ersten österreichischen Alpenverein von 1874 hervorgegangen war, legte bereits 1921 fest: „Mitglieder der Sektion Austria können nur Deutsche arischer Abstammung werden." 1924 führten 98 der 110 österreichischen Alpenvereinssektionen den sogenannten Arierparagraphen formell ein: Juden durften weder Mitglied noch auf den Vereins-Hütten bewirtet werden.

Für Vorarlberg ist es ein gern gepflegter Topos, dass der Vorarlberger Alpenverein sich gegen den Arierparagraphen sträubte. Das Feldkircher Alpenvereinsmitglied Max Perlhefter zum Beispiel wurde jedoch als Mitglied ausgeschlossen, weil er als „Halbjude" bzw. aus einer „Mischehe" stammend galt (mehr dazu im Kapitel „Abenteurer des Todes"). Die Sektion Bludenz allerdings führte als eine der wenigen Sektionen in Österreich den Arierparagraphen bis zum Anschluss von 1938 nicht in ihre Satzungen ein. Nach der Gleichschaltung und Umbenennung des DÖAV in den Deutschen Alpenverein, galt der diskriminierende Pargraph aber auch für die Sektion Bludenz. Im August 1938 fragt die Sektion Bludenz z.B. beim Deutschen Alpenverein in Innsbruck an, ob sie ein Mitglied, dessen Mutter Jüdin war, ausschließen sollen/können und ob auch seine Frau und seine Kinder ausgeschlossen werden sollen.

—Zum Arierparagraph im Österreichischen Alpenverein siehe www.wikipedia.de

—Schriftliche Anfrage der Sektion Bludenz an den Verwaltungsausschuss des Deutschen Alpenvereins Innsbruck über den Ausschluss eines Mitglieds, dessen Mutter Jüdin war, vom 23. August 1938. Zur Verfügung gestellt von Hanno Loewy vom Jüdischen Museum Hohenems.

… ABER AUCH AUFKLÄREN!

Fast zeitgleich (zwischen 1936 und 1939) veröffentlicht die junge Wiener Emigrantin Lucie Varga soziologische Texte in der berühmten französischen Zeitschrift *Annales*. Im Text „Ein Tal in Vorarlberg – zwischen Vorgestern und Heute" beschreibt sie die gesellschaftlichen Umbrüche im Montafon nach dem Ersten Weltkrieg. Aufklärend beobachtet sie: wie einerseits das Elend und mit ihm eine antiklerikale Stimmung (dem Pfarrer zu begegnen, bringe Unglück), und andrerseits ganz langsam die nationalsozialistische Idee ins Tal gekommen sei (trotzdem gebe es bei den Bauern aber keinen Antisemitismus). Wegen der wirtschaftlich schlechten Zeiten sei der gewohnte Lebenszyklus Kindheit, Hochzeit und Alter unterbrochen worden, denn die jungen Leute seien jetzt zu arm zum Heiraten. Und sie fragt sich: wohin wird es führen, wenn der Fortschrittsoptimismus der Dorfbewohner in lebensmüde Apathie und pessimistischen Fatalismus umschlägt?

—Lucie Varga: Zeitenwende, Mentalhistorische Studien 1936 – 1939, Hrsg. von Peter Schöttler, Frankfurt am Main 1991, Seite 146 bis 169.

— Schesaplana: Marktführerin im Rätikon —

VERMARKTEN

War es nicht naheliegend, dass man nach dem Zweiten Weltkrieg im Tourismus einen Ausweg aus der neuerlichen Armut sah? Der südliche Teil des Rätikons wurde deshalb von der Tourismusbranche immer mehr mit der Vermarktung von Säumer- und Schmugglergeschichten besetzt. Sogar eigens geschnürte Pakete für Individualtouristen wurden dafür angeboten, so z.B. 1998 eine Fünftagestour „Auf Schmugglerpfaden zum Kaisermenü“.

—Bernhard Tschofen: Berg, Kultur, Moderne. Volkskundliches aus den Alpen. Wien 1999, Seite 274.

SATTELALPE/ GALINA-ALPE

VON ALP ZU ALP: GURTIS – SATTELALPE 1.383 m – GALINA ALPE 1.566 m – GURTIS

SATTELALPE/GALINA-ALPE

DIE ROUTE

Bei der Dorfkirche in Gurtis zweigt man links ab und fährt noch ein Stück vorbei an der kleinen Kirche bei Muggabill bis zu einem Parkplatz. Von hier geht es zu Fuß weiter: gleich recht steil hinauf über einen Grashang, dann durch Wald, Lichtung und wieder Wald, bis man auf eine Forststraße gelangt.

Gemütliches Gehen auf der Forststraße, direkt unter der Gurtisspitze. Bei einer Weggabelung, rechts geht's zur Bazora-Alpe, hält man sich links zur Sattelalpe. Bald schon beginnt ein angenehmer, stetig steigender Fußpfad. Jetzt hat man immer die beeindruckenden Felsen der Hohen Köpfe vor sich. Schließlich kommt die Sattelalpe in Sicht. Die Alpe ist bewirtschaftet, bietet also beste Gelegenheit für eine Rast.

Von der Sattelalpe führt der Weg durch eine märchenhafte Waldlandschaft zur Galina-Alpe. Man merkt sofort, dass hier der Wald wenig bewirtschaftet wird. Vorbei an umgestürzten Tannen, mitten durch Alpenrosenfelder, flankiert von hohen Farnen wandert man Richtung Galina. Mehrere Schuttrinnen, die von den Hohen Köpfen herunterkommen, sind zu überqueren. Dann geht es leicht hinunter bis zum (meist trockenen) Bachbett der Galina, bevor ein letzter kurzer Stich nochmals die Kondition testet. Schon steht man am Alpkreuz auf der Galina Alpe.

Hier oben lebt die Einsamkeit und Empfängliche tauchen ein in pure Landschaftsmagie. Die Galina-Alpe liegt auf einem grünen Plateau, eingekesselt von schützenden, oft düster wirkenden Felsen des Galinagrats mit dem Galinakopf (2.198 m) als höchste Spitze. Manchmal kann man Gemsen beobachten. Nur wenige Wanderer verirren sich hier herauf, die Alpe ist für Wanderer nicht bewirtschaftet und bietet mit ihrer Ruhe und Abgeschiedenheit viel Raum und Gelegenheit zur harmonischen Schau. Lausche: die Stille spricht zu dir.

Von der Galina-Alpe gibt's einen Weg auf den verlockenden Galinakopf, der im oberen Teil ein blau markierter Steig und an ausgesetzten Stellen mit Drahtseilen gesichert ist (vgl. auch „Schau weit hinaus, Galinakopf").

Der Rückweg führt durch das Galina-Flussbett (oft recht mühsam über viel Geschiebe), dann auf einer Forststraße entlang der Galina wieder zurück zum Parkplatz, dem Ausgangspunkt dieser Tour.

SCHAU WEIT HINAUS: GALINAKOPF

Von Malbun/FL auf den Galinakopf (2.198 m). Eine Wanderung, speziell für den Herbst. Die satten Brauntöne entführen dich in eine marokkanisch anmutende Landschaft. Start ist in Malbun. Zunächst auf einem Waldweg, später auf bequemer Alpstraße bis zum Mattlerjoch auf 1.867 m. Von hier gibt's eine Variante über die Mattler Alpe und Innergamp Alpe zur Gamp Alpe. Wir nehmen den Weg zum Galinakopf. Nach dem Mattlerjoch beginnt es leicht anzusteigen. Wunderbares Gehen durch grüne Latschen auf braunen Matten. Der Südhang des Galinakopfs selbst steigt dann sehr steil an. Wenn Steilheit einen Namen hätte, dann hieße sie Galinakopf. Auf dem Gipfel aber der Belohnungs-Ausblick: Bodensee, Schweizer Berge, Naafkopf, Drei Schwestern, Garsellatürme, Zimba, Sulzfluh, Drusenfluh, Schesaplana bis hinein in die Silvretta.

Der Galinakopf ist ein Grenzberg zwischen Vorarlberg und Liechtenstein. Treffpunkt von vier Graten. Die Grenze verläuft quasi direkt durchs Gipfelkreuz. Nach Norden zur Galina-Alpe hin schroff und eindrucksvoll. Die liechtensteinische Südflanke ist bis zum Gipfel mit Gras bewachsen. Tiefblick auf die Galina-Alpe und ins geheimnisvolle Wurmtal.

Eine Sage berichtet, dass einmal ein Jäger am Heiligabend ins Wurmtal jagen gegangen sei, statt in die Kirche zu gehen. Er sei gerade einer Hirschspur gefolgt, als plötzlich ein furchterregendes Tier, das wie ein Lindwurm ausgesehen habe, vor ihm stand. In seiner Not verspricht der Jäger dem St. Valenti, dass er jedes Jahr zu Weihnachten um Mitternacht eine Mette lesen lassen wolle. Und tatsächlich: der Lindwurm wendet sich ab und verschwindet im Wald. —

—Karl Gamon: Sagen und Geschichten aus Nenzing, Nenzing 1997, Seite 99.

— Sattelalpe, 1.383 m —

ROUTENINFOS:

Gurtis – Sattelalpe – Galina-Alpe – Gurtis

ART: Wanderweg

HÖHENMETER AUFSTIEG: gesamt ca. 700 m, von Gurtis auf die Sattelalpe ca. 500 m, von der Sattelalpe auf die Galina-Alpe ca. 180 m

DAUER/GEHZEIT: gesamt ca. 4 – 5 h, von Gurtis zur Sattelalpe ca. 1,5 h, von der Sattelalpe zur Galina-Alpe ca. 1,5 h, von der Galina-Alpe bis Gurtis ca. 1 – 1,5 h

VARIANTE MALBUN/FL – GALINAKOPF: Malbun, Mattlerjoch, Galinakopf ca. 3,5 h, Galinakopf, Malbun ca. 2,5 h, gesamt ca. 6 h

AUSRÜSTUNG: gute Bergschuhe, Sonnenschutz, Kopfbedeckung, Wasser

AUSSICHT: Gurtisspitze, Hohe Köpfe, Gamp Alpe, Galinagrat, Galinakopf

EINKEHRMÖGLICHKEIT: Sattelalpe im Sommer bewirtschaftet (Getränke/kleine Imbisse), Galina-Alpe nicht bewirtschaftet

BESTE WANDERZEIT: Juni, Juli, August, September

ÖFFENTLICH: mit dem Zug nach Frastanz/Bahnhof, weiter mit Landbus 74 von Frastanz/Bahnhof nach Gurtis, Fahrplan: www.vmobil.at

KARTE: Vorarlberg Atlas auf http://vogis.cnv.at

DER NAME GALINA

Bezeichnet ursprünglich einen Bach, eben die Galina, die in die Ill fließt und ein Alpgebiet unter dem Grenzberg Galinakopf. Der Name hat rätoromanische Wurzeln und bedeutet soviel wie „Staude". Als Namen wanderte die Bezeichnung „Galina" von Vorarlberger Gebiet auch ins Liechtensteinische hinüber, vgl. zum Beispiel Galina Schaan.

—www.hvfl.li/namenbuch

DER DRACHE IM GALINATOBEL

Beim Nesselbrunnen im Galinatobel liegt ein großmächtiger Stein, der heißt der „Heerahus-Stee". Er stand ehedem auf drei anderen Steinen, und man konnte unter ihm kommod aus und ein kriechen. Ein Geißbub hat das oft probiert und hat etlichemal blinkende Bießle (Zehnkreuzerstücke) und Batzen darunter gefunden. Des Geißlers Vater stach das schöne Geld in die Augen und er kroch auch einmal unter den Heerahus-Stee. Aber da entstand ein fürchterliches Wetter, es donnerte und blitzte und es regnete, was heruntermochte. Der Bach ging haushoch und wälzte gewaltige Rüfemassen vor sich her, so daß der Geldsucher die höchste Zeit hatte zu fliehen. Seit der Zeit ist die Höhlung unter dem Heerahus-Stee verschwunden. Ein fahrender Schueler hat dort einen Schatz verborgen und ein Drache hütet ihn. Der Drache ist es auch, der die entsetzlichen Wetter macht, die das Tobel noch heutigstags durchtoben.

Es geht auch die Prophezeiung, der Drache werde einmal das Tobel hinausfahren bei einem solchen Unwetter, daß Laz, Gampelün und Gadon und die ganze Gegend glauben, es sei der Welt Ende gekommen. Wen es dann auf der gedeckten Brücke in Feldkirch zu stehen leide, der werde steinreich werden.

—www.sagen.at

Den Nesslabrunnen im Galinatal oberhalb von Gurtis gibt es noch heute und auch der Herrahusstä existiert noch. Er ist allerdings nicht mehr so beeindruckend wie früher, da links vom Stein die Forststraße gebaut und viel Füllmaterial auf dieser Seite aufgeschüttet wurde.

—Emailkorrespondenz mit Thomas Gamon, Marktgemeindearchiv Nenzing , vom 21. Oktober 2008.

— Auf der Galina-Alpe —

AUF DER ALP

Heute bekommen wir schöne Bilder von Alpabtrieben mit prächtig geschmückten Kühen geliefert. Früher war das Leben auf der Alp sehr hart. Saisonale Veränderung der Lebensweise, Isolation und Einsamkeit, lange Arbeitstage und der Widerspruch zwischen katholischem Glauben und einer belebten Natur (Sagen, Geschichten) prägten einen Lebensraum, den wir heute nur noch als medial vermittelte Idylle wahrnehmen.

SENNEN UND SENNERINNEN

Die Tage sind lang, die Arbeit ist schwer. Der Ruf der Sennen war nicht immer der beste. Schon 1837 schreibt A.A. Schmidl in einer Reisebeschreibung über die Rindviehzucht im Montafon: „(...) Die Sennen sind berüchtigt wegen ihres Schmutzes, der aber für sie ein Ehrenpunkt geworden ist. Bei der Heimfahrt wetteifern sie, wer das schmutzigste Hemd aufzuweisen habe! Als untrüglichen Beweis unausgesetzter emsiger Arbeit (...).“ Heute wird auf den Alpen natürlich auf strikte Hygiene geachtet, vor allem bei der Butter- und Käseproduktion. Der St. Gallener Bergwanderer Johann Jakob Weilenmann berichtet von seinem Besuch auf der Oberen Spora Alpe 1852 über die angelernte „Etikette“ der Sennerinnen: die Alpe werde von Schruns und vom Lünersee her häufig – vor allem von deutschen Touristen - besucht. Man dürfe sich daher nicht wundern, wenn die beiden Sennerinnen „Europens übertünchte Höflichkeit“ bereits kennen.

Max Vermunt dagegen zeigt in „Stille Winkel in Vorarlberg“, dass das Leben auf der Alp für Sennerinnen damals irgendwie auch ein gleichberechtigtes war. Von einer Alpe auf Formarin berichtet er: „(...) sass eben die ganze Gesellschaft um ein rauchiges Latschenfeuer, zuvörderst die drei Senninnen (...) sämtlich, auch die drei Repräsentantinnen des zarten Geschlechts sehr emsig mit Tabakrauchen beschäftigt.“

—Josef Zurkirchen: Vom schönen, harten Leben auf der Alp, in: Berge, Nr. 4, Bern 1983, Seite 60 – 63.
—Johann Jakob Weilenmann: In drückender Einsamkeit, in: Wolfgang Irtenkauf, Scesaplana: Faszinierende Bergwelt des Rätikon zwischen Vorarlberg, Liechtenstein und Graubünden, Sigmaringen 1985, Seite 80.
—Gernot Kiermayr-Egger: Zwischen Kommen und Gehen. Zur Sozial- und Wirtschaftsgeschichte des Montafons, Schruns 1992, Seite 99.
—Max Vermunt: Stille Winkel in Vorarlberg, in: Norman Douglass: Monographs Vorarlberg „Together“, 1872, Seite 9.

ALPEN IM MONTAFON

Besitzverhältnisse: es gibt Privat-, Gemeinde- und Genossenschaftsalpen. Vieharten: eingezäunte Stieralpen, Melkalpen für Milchkühe (hier braucht es Ställe und eine Sennerei), Galtalpen für Jungtiere.

Sennen und Hirten: Die Sennen arbeiten im Zweimannteam (Hauptsenn und Beisenn) und sind für die Butter- und Käseherstellung zuständig. Die Hirten (Großhirten und Kleinhirten) treiben die Tiere am Morgen auf die Weide und am Abend wieder zurück in den Stall. Nur beim Melken in der Früh und am Abend sind Sennen und Hirten gemeinsam beschäftigt. Frauenweide: seit uralter Zeit auf vielen Alpen im Montafon der Brauch. Am 15. August besuchen Frauen, Mütter und Freundinnen die auf der Alp arbeitenden Männer. Um ungestört zu sein, treibt man die Tiere an einen Hang, der wenig Aufsicht erfordert. Daher der Ausdruck „Frauenweide".

— Josef Zurkirchen: Vom schönen, harten Leben auf der Alp, in: Berge, Nr. 4, Bern 1983, Seite 60 – 63.

SENNENTUNTSCHI

Auch Sennapoppa. Ein Sagenmotiv, das im gesamten deutschsprachigen Alpenraum verbreitet ist, auch in Vorarlberg und Liechtenstein. Zentraler Inhalt der Sage ist meist folgende Geschichte: einsame Sennen und Hirten auf hochgelegenen Alpen schaffen sich aus Langeweile eine weibliche Puppe. Sie füttern sie aus Spaß, sprechen mit ihr und nehmen sie zu sich ins Bett. Kurz vor der Alpabfahrt wird die Puppe lebendig und beginnt zu sprechen. Sie rächt sich für die Übeltaten und die gottlose Tat, die die Sennen an ihr vollbracht hatten. In der Sage zwingt sie einen der Sennen bei ihr zu bleiben und zieht diesem die Haut vom Leib.

— www.wikipedia.de

DIE VERSCHMAUSUNG DES STIERS AUF DER ALPE SPORRA

In der Alpe Sporra war das Vieh bereits abgetrieben, aber ein Hirt mußte zurückbleiben, um einen Stier zu suchen, der sich von der Herde entfernt hatte. Erst abends spät fand er das Tier. Wegen der Dunkelheit mußte er auf der Alpe übernachten. Er brachte den Stier in einem Stalle unter und legte sich selbst auf die Pritsche in einer der Hütten. In der Nacht wurde die Tür aufgerissen. Leute kamen herein und brachten den Stier mit. Sie schlachteten ihn und fingen an, von dem Fleische zu sieden und zu braten und sie schmausten in der fröhlichsten Stimmung.

Der Hirt sah diesem Schauspiele mit Angst zu, hatte aber nicht den Mut, etwas zu entgegnen. Da luden ihn die Schmausenden ein auch mitzuhalten; allein erst nach mehrmaliger Aufforderung nahm er ein kleines Stück, indem er zu sich sagte: „Wenn's doch gegessen sein muß, will ich auch noch davon."

Vor Tagesanbruch machte sich die Gesellschaft davon und in der Hütte wurde es wieder still und dunkel. Sobald der Tag graute, begab sich der Hirt zum Stall, um nach dem Stier zu sehen. Zu seinem Erstaunen fand er ihn frisch und gesund, nur an einem Fuß hatte er eine Lücke von der Größe des Stückleins, das er genossen hatte.

— www.sagen.at

— Rösser auf der Sporra-Alpe —

VERMALES UND PFÄLZERHÜTTE

WOLKEN KÜSSEN: NENZINGER HIMMEL – PFÄLZERHÜTTE 2.111 m – NENZINGER HIMMEL

VERMALES UND PFÄLZERHÜTTE

DIE ROUTE

Zuerst geht es mit dem Taxibus durch das wilde Gamperdonatal. Die Straße ist für den Individualverkehr gesperrt, nur die Nenzinger Bürger haben eine Berechtigung. Ab der Mautkontrolle Stellveder gibt's viel zu sehen: man fährt mitten durch ein ursprünglich belassenes, grünes Tal (es ist ein Pflanzenschutzgebiet), mit Blick auf eine tiefe Schlucht, durch einen Felsentunnel hindurch, vorbei am Wallfahrtskirchlein Kühbruck (früher Maria am Weißen Bach), ganze Wegstrecken entlang der Meng, dann mitten durch einen seltenen Spirkenwald, bevor man schließlich im Nenzinger Himmel ankommt.

Hier, wo früher Graubündner Hagestolze, Wilderer, Wurzelgräber und Schmuggler ihr Unwesen trieben, beginnt die eigentliche Wanderung. Links wuchtet sich der Panüeler mit seiner 1000 m Felswand empor (es ist die höchste Wandflucht in Vorarlberg), weiter vorne, rechts vom Wanderweg, stürzt die Meng im sogenannten Stübawasserfall in die Tiefe.

Bei der Güfel Alpe zweigt man rechts ab zum Betterjoch. Einmaliger Blick auf den Höhenzug mit dem geheimnisvollen, 2.300 m hohen Barthümeljoch, über das früher die Schmuggler und Wilderer aus dem Prättigau in den Nenzinger Himmel kamen. Der Pfad geht jetzt recht steil hinauf und man macht ordentlich Höhe. Von hier geht's entweder zur Vermales Alpe auf dem gegenüberliegenden Hang oder man folgt dem Fußpfad zur Pfälzerhütte.

Drüben auf Vermales grasen friedlich die Kühe und die Pferde, die Pfälzerhütte ist bereits in Sicht und das Gipfelkreuz des Naafkopfs hebt sich am Horizont ab. Überall Stille, nur gelegentlich ist der Warnpfiff der Murmeltiere zu hören. Nun beginnt die lang gezogene Traverse zur Pfälzerhütte.

Die Pfälzerhütte scheint schon nahe, doch das täuscht. Es zieht sich hin, immer gemächlich ansteigend, dafür wird man konstant vom wuchtigen Cinemascope aus Naafkopf, Barthümeljoch und Augstenberg unterhalten. Eine letzte Steigung führt endlich zur Pfälzerhütte. Rückweg wie Aufstieg.

ALPE LAWENA: IM TAL DER LAWINEN

Die wunderschöne Alpe liegt auf 1.518 m. Man erreicht sie entweder von Triesen/FL aus oder von der Pfälzerhütte aus über den Rappenstein. Das wilde und steile Lawenatal bekam den Namen von Lawena = Lawine. Die schroffe Nordflanke des Falknis grüßt herunter und das Tal überrascht immer wieder mit sanften, grünen Arrangements. Eschen am Wegesrand umrahmen den Wanderer mit ihren zartgrünen Blättern, die sich elegant im Winde wiegen. Die Alpe selbst liegt in einem kesselartigen Hochtal, umrahmt von mächtigen Felsen von Falknis, Mittagsspitz und Rappastein. Das Sommerlicht am Nachmittag taucht diese Gesteinskulisse in eine fast dunkelbraune Farbe. Die Hauptalpe ist im Stil eines amerikanischen Langhauses, einer Ranch, gebaut und im Sommer bewirtschaftet. —

ROUTENINFOS:

Nenzinger Himmel – Pfälzerhütte – Nenzinger Himmel

ART: Wanderweg

HÖHENMETER AUFSTIEG: vom Nenzinger Himmel ca. 750 m

DAUER/GEHZEIT: vom Nenzinger Himmel gesamt ca. 4,5 h, Nenzinger Himmel/Pfälzerhütte ca. 3 h, retour ca. 1,5 h

ROUTENVARIANTE: Nenzinger Himmel – Sareiser Joch – Pfälzerhütte – Nenzinger Himmel oder Nenzinger Himmel – Hochjoch/Große Furka – Barthümeljoch – Pfälzerhütte – Nenzinger Himmel

AUSRÜSTUNG: gute Bergschuhe, Sonnenschutz, Kopfbedeckung, Wasser

AUSSICHT: Panüler Kopf, Salaruelkopf, Tschingel, Hornspitze, Barthümeljoch, Naafkopf

GIPFEL: Naafkopf

NATURDENKMAL: unter anderen der Stüberwasserfall und der Bärawald (seltener Spirkenwald/besondere Art der Bergkiefer, ein Relikt aus der Eiszeit)

EINKEHRMÖGLICHKEIT: Pfälzerhütte bewirtschaftet von Mitte Juni bis Anfang Oktober

BESTE WANDERZEIT: Juni, Juli, August, September

ÖFFENTLICH: mit der Bahn bis Bahnhof Nenzing (Fahrplan: www.vmobil.at), ab Nenzing mit dem Taxibus durchs Gamperdonatal zum Nenzinger

— Pfälzerhütte, 2.111 m —

VERMALES UND PFÄLZERHÜTTE

Himmel (Busunternehmen: Gantner, sowie Lisi & Friedl, beide Nenzing, Anmeldung ratsam).
KARTE: Vorarlberg Atlas auf http://vogis.cnv.at

DIE PFÄLZERHÜTTE

Sie wurde von der DAV-Sektion Pfalz angeregt, konzipiert und schließlich 1927 gebaut. Gelder für den Bau flossen von der Sektion Pfalz selbst, vom Liechtensteinischen Fürstenhaus, von der Sektion Mannheim und vom DÖAV. Die steingemauerte Hütte konnte am 5. August 1928 eröffnet werden.

—Guntram Jussel: Berge und Menschen – ein alpines Lesebuch, Bludenz 1995, Seite 252.

BETTLERJOCH

Eine Sage berichtet: einmal waren die Schmalzbettler schon spät im Jahr dran und der Senn auf Gamperdona warnt sie vor dem kommenden Schnee. Die Schmalzbettler hören nicht auf ihn und machten sich auf den Weg übers Joch, das damals noch als „Vermaleshöhe" bekannt war. Und bald schon bricht das Unwetter los: ein Wettersturm fegt vom Barthümel herunter, es stürmt, es hagelt, es schneit. Am nächsten Tag liegt knietiefer Schnee. Von den Schmalzbettlern keine Spur. Als die Liechtensteiner aber im nächsten Jahr wieder auf die Naaf-Alpe fahren, sehen sie oben auf der Vermaleshöhe die zu Stein erfrorenen Schmalzbettler mitten in einem Gewirr von Felstrümmern. Von da an hieß die Vermaleshöhe nur noch Bettlerjoch.

—Karl Gamon: Sagen und Geschichten aus Nenzing, Nenzing 1997, Seite 89 bis 90.

ALPE VERMALES

Im Alp-Namen „Vermales" steckt das rätoromanische „val mala", was wüstes Tobel oder schlechtes Tal bedeutet und sich auf die schwierigen, schwer zu bewirtschaftenden Geländeverhältnisse dieser Alpe bezieht, weil die Weideflächen höher als die Alphütte selbst liegen. Der Name galt wohl ursprünglich dem wilden Gelände südöstlich der Alphütte.

—Liechtensteiner Namenbuch, www.hvfl.li/namenbuch

SCHMUGGLER

Vom Nenzinger Himmel aus florierte der Schmuggel über die Jöcher: Bettlerjoch, Salarueljoch, Barthümeljoch. Die Schmuggler schoben dabei oft „Doppelschichten": am Tag arbeiteten sie, in der Nacht schmuggelten sie und machten dabei weite Wege. Sie gingen z.B. vom Nenzingerberg los, dann übers Bettlerjoch bis zu Triesenberg in Liechtenstein und wieder zurück. Agnes Meyer-Wirtensohn, 1912 geboren, lebte lange am Nenzingerberg. Sie berichtet: „Bei uns sind immer wieder Leute ein- und ausgegangen. Die Finanzer, Jäger und der Lehrer, den wir in Kost gehabt haben. Und im Stall drüben, dort sind die Schmuggler gewesen. Das ist reibungslos gegangen, da hat keiner vom anderen etwas gemerkt."

—Thomas Gamon (Hrsg.): Der Nenzingerberg, Das verlassene Walserdorf, Nenzing 2007, Seite 104.

DIE TOBELHOCKER IM LAWENATAL

In der Tobelhocker-Sage aus Liechtenstein heißen Hexenverfolger „die Brenner". Sie wurden nach ihrem Tod in ein Tobel gebannt und als Tobelhocker bezeichnet. Auf ihren Familien ruht ein Fluch, d.h. die Nachkommen eines Tobelhockers wurden generationenlang gebrandmarkt. Beim besagten Tobel handelt es sich um das Lawenatal. Sie mussten in einem schwarzen Tobel bei der Alp Lawena auf Steinblöcken sitzen, starr und stumm. Sie konnten kein Wort reden und waren verdammt bis zum Jüngsten Gericht. Es hieß auch, dass sie in Felsen eingingen, die sich hinter ihnen schlossen. Einmal im Jahr, in der Walpurgisnacht, sollen die Tobelhocker besonders wüst tun. Von der Alphütte in der Lawena könne man in stürmischen Nächten aus dem Tobel herauf ein wundersames, klagendes Geigenspiel hören, das den Tobelhockern zugeschrieben wird.

Die Sage von den Tobelhockern hat einen realistischen Hintergrund: auch in Triesen waren in der Zeit der Hexenverfolgungen Denunziation und Blutjustiz gegen vermeintliche Hexer oder Hexen weit verbreitet. Von diesem Trauma zeugt noch die abergläubische Bezeichnung „Tobelhocker" für die in die Lawenaschlucht verbannten Seelen der Denunzianten und ihrer Nachkommen.

—Tschaikner, Manfred: Von den Tobelhockern, ein Vortrag auf Tuass, in: www.historicum.net

—www.triesen.li

IM HIMMEL IST DIE HÖLLE LOS

Der Nenzinger Himmel war einst ein Eldorado für Wilderer, Viehdiebe und Schmuggler. Hier im Grenzland zwischen Österreich und der Schweiz ging's hart zur Sache: 1913 wurde ein Jagdaufseher erschossen und sein Begleiter schwer verletzt. 1863 drehte ein Hirt durch und brachte einen Senn um. Sogar in den örtlichen Sagen geht's nicht gerade zimperlich zu.

Der Nenzinger Himmel ist heute ein Refugium für Menschen, die dem Stress entkommen wollen. Noch bis in die 1950er Jahre gab es hier kein Telefon und kein Radio. Es gab keine Eile, keine Hast, keine Unruhe und an den Abenden tönten melodisch die Glocken der grasenden Kühe: das helle Klingeln der Singas oder der dumpfere Klang der Plumpera. Über allem aber wacht der 2.859 m hohe Panüeler Schrofen, das Wahrzeichen des Nenzinger Himmels. Doch das Bild täuscht: hier im Himmel konnte es manchmal recht derb zur Sache gehen.

—Karl Gamon: Der Nenzinger Himmel, in: Franz Heinz Erne, Der Obere Walgau, 1959, Seite 89 bis 92.

SHOW DOWN IM SALARUEL

Am Donnerstag, dem 25. September 1913, kommt es im Salarueltal zu einer blutigen Tragödie. Die beiden österreichischen Jagdaufseher Josef Heingärtner und Felix Schneeberger treffen auf 2 Bündner Wilderer. Diese eröffnen das Feuer. Heingärtner stirbt, Schneeberger wird schwer verletzt. Mehr dazu im Kapitel „Wilderer, die Rebellen der Berge".

KOPF AB!

Es geschah am 21. September 1863 auf der Alpe Gamperdona. Der Hirt und Zusenn Daniel Gut galt als Außenseiter und wurde oft von den anderen gehänselt und verspottet. Am betreffenden Abend nun beteten die Hirten den Rosenkranz und sangen einige Lieder. Der Senn, Markus Küng, befahl den Leuten aber aufzuhören und zu Bett zu gehen. Das ärgerte Daniel Gut und war der eigentliche Auslöser für seine Tat: er wartete, bis alle schliefen, schlich sich dann mit einer Axt zu Küng und schlug ihm den Kopf ab. Dann wollte er einem anderen Hirten den Kopf abschlagen, aber die Kerze erlosch und er hieb nur in die Balken. Daraufhin griff er zum Rasiermesser und wollte dem Hirten die Kehle durchneiden, verfehlte ihn aber und verletzte ihn mit einem tiefen Schnitt im Kinn. Jetzt wachten alle auf und Daniel Gut flüchtete. Er rannte zu den Hütten in der Löchera und zündete sie an. Als ihn Finanzer mit Gewehren stellen und verhaften wollten, sprang er mit einem Satz ins Feuer und rief noch: „Iahr Herra, iahr erwüschen mi nümma."

—Karl Gamon: Sagen und Geschichten aus Nenzing, Nenzing 1997, Seite 141 bis 143.

DER GESOTTENE SENN AUF PANÜEL

Eine Sage berichtet, dass es vor langer Zeit zwischen den Nenzingern und den Seewisern/CH immer wieder zu Streit gekommen ist. Die Seewiser stiegen dabei Herden und Käse raubend immer wieder über das Salaruel in Nenzinger Alpen. Einmal, als sie wieder auf Raubzug waren, es ihnen aber nicht gelang, die ins Auge gefasste Kuhherde zu rauben, passierte folgendes: allen Käse, den sie nicht mitnehmen konnten, warfen sie in den Kot und zerstampften ihn. Dann schürten sie unter dem Sennkessel ein mächtiges Feuer an, warfen den (Nenzinger) Senner kopfüber ins heiße, brodelnde Wasser und sotten ihn bei lebendigem Leibe.

—Karl Gamon: Sagen und Geschichten aus Nenzing, Nenzing 1997, Seite 80.

SALARUELJOCH

IM FELSENRIFF: NENZINGER HIMMEL – HIRSCHSEE – SALARUELJOCH 2.246 m / KLEINE FURKA – HIRSCHSEE – NENZINGER HIMMEL

SALARUELJOCH

DIE ROUTE

Die Wanderung beginnt im Nenzinger Himmel. Zuerst geht es Richtung Panüeler bis unterhalb des Hirschsees. Ein angenehmer Alpweg, der sich in lang gezogenen Kehren hinaufzieht, begleitet vom Rauschen des eiskalten Schalanzabachs. Entweder beim Aufstieg oder beim Abstieg ein Abstecher zum wildromantischen Hirschsee. Hier in der Nähe wurde im September 1913 der Jagdaufseher Felix Schneeberger, den Wilderer im Salarueltal angeschossen und schwer verwundet hatten, gefunden und gerettet.

Der Weg zweigt jetzt von der Forststraße links ab auf den Salaruelweg. Zuerst eine kleine Steilstufe hinauf, dann öffnet sich dem Wanderer ein gigantischer Blick ins Salarueltal mit dem Salarueljoch, auf dem sich ein markantes Felsriff nach rechts zieht, an das die pyramidenartige Hornspitze anschließt. Pink Floyds *Shine on you crazy Diamond* liegt in der Luft. Man wandert durch ein Hochtal der Gegensätze: links schieben sich die mächtigen Schutthalden von Panüeler und Salaruelkopf herunter, rechts steigen die grünen Hänge des Hornspitz/Strahleck-Kamms empor.

Nach einer weiteren Steilstufe überrascht ein liebliches Plateau mit einer Gelb-Blau-Komposition aus Johanniskraut und Eisenhut. Auch Edelweiß wachsen hier. Danach wird's ernst, sprich steil. Zuerst noch über Rasen aufwärts, kommt man bald ins Reich der Steine und Felsen. Der Fußpfad wird schmaler und windet sich in steilen Serpentinen hinauf. Immer näher kommt man dem Felsenriff, das auf dem Joch sitzt. Einsame, bizarre und faszinierende Steinlandschaft. Man kann den grauen Stein beinahe riechen. Nach einer Linkskehre dann endlich am Ziel auf dem Salarueljoch auf 2.246 m. Blick nach Süden: grünes Prättigau bis weit hinaus in die Bündner Bergwelt.

Links zieht der luftige Liechtensteiner Höhenweg in gewagten Steilkehren Richtung Schafloch hinauf (von dort geht es über den Brandner Gletscher zur Mannheimer Hütte). Rechts hat man die imposante Pyramide der Hornspitze zum Greifen nah direkt vor sich. Der Weg herauf war anstrengend, doch die wilde Felslandschaft entschädigt für alles.

Respekt kommt auf für die früheren Schmuggler, die hier auf dem Joch einen Übergang vorfanden. Diese Kerle mussten physisch einiges auf dem Kasten gehabt haben, da sie ja ihr schweres Schmuggelgut, sprich ihren Profit, tragen mussten und es damals noch keinen vom Alpenverein gepflegten Fußpfad gab.

Für den Rückweg steht eine Variante zur Verfügung: entweder man geht den Salaruelweg wieder zurück bis zum Hirschsee oder man quert vom Joch nach rechts bis zum Hochjoch/Großen Furka und geht von dort auf dem Lippa-Älpele-Weg über die Panüel Alpe zum Hirschsee und zurück in den Nenzinger Himmel. —

ROUTENINFOS:

Nenzinger Himmel – Hirschsee – Salarueljoch – Hirschsee – Nenzinger Himmel

ART: Wanderweg, Stein- und Felsenpfad

HÖHENMETER AUFSTIEG: Nenzinger Himmel/Salarueljoch ca. 900 m

DAUER/GEHZEIT: vom Nenzinger Himmel gesamt ca. 5 h – 5,5 h, Nenzinger Himmel/Hirschsee ca. 1 ¼ h, Hirschsee/Salarueljoch ca. 2 h, Salarueljoch/Nenzinger Himmel ca. 1 ¾ h, Variante Rückweg über Hochjoch: Salarueljoch – Hochjoch – Nenzinger Himmel ca. 2 h – 2,5 h

ROUTENVARIANTE: Nenzinger Himmel – Salarueljoch – Hochjoch/Große Furka – Lippa-Älpele-Weg – Panüel Alpe – Nenzinger Himmel

AUSRÜSTUNG: gute Bergschuhe, Sonnenschutz, Kopfbedeckung, Wasser

AUSSICHT: Panüeler, Salaruelkopf, Hornspitze, Hochjoch, Prättigau, Bündner Bergwelt

NATURDENKMAL: unter anderem der Stüberwasserfall und der Bärawald (seltener Spirkenwald eine Art der Bergkiefer, ein Relikt aus der Eiszeit)

EINKEHRMÖGLICHKEIT: im Sommer/Herbst Alpengasthaus Gamperdona, Nenzinger Himmel

BESTE WANDERZEIT: Juni, Juli, August, September

ÖFFENTLICH: mit der Bahn bis Bahnhof Nenzing (Fahrplan: www.vmobil.at), ab Nenzing mit dem Taxibus durchs Gamperdonatal zum Nenzinger Himmel (Busunternehmen: Gantner, sowie Lisi & Friedl, beide

— Hornspitze 2.537 m —

— Salarueljoch —

Nenzing, Anmeldung ratsam).
KARTE: Vorarlberg Atlas auf http://vogis.cnv.at

SALARUELJOCH/KLEINE FURKA

Das Wort Salaruel bedeutet „enger Korridor, Tal", wobei -uel eine Walserendung ist (rätoromanisch-ueli). Viele Walser Hirten arbeiteten im Nenzinger Himmel. Der Name „Furka" kommt von rätoromanisch „Fuorcha" was soviel wie „Gabel, Galgen" bedeutet. Als Toponym bezeichnet Furka aber auch den Bergpass, Engpass oder Bergeinschnitt.

—Liechtensteiner Namenbuch, www.hvfl.li/namenbuch

LANDJÄGER UND EDELWEISS

Max Vermunt (Pseudonym von Freiherr Karl von Seyffertitz) berichtet in seinem alpinen Streifzug „Stille Winkel in Vorarlberg", dass er, als er einmal alleine im Salarueltal unterwegs war, auf einen Nenzinger Schreiner getroffen sei. Der habe im Sommer seinen Beruf an den Nagel gehängt und sei gefallenem Vieh im Salaruel nachgegangen, um das Fleisch dann in die Schweiz zu verkaufen, wo man daraus Landjäger mache. Zudem suche er nach Edelweiß, weil das eine neue Mode sei und alle danach verlangen. Er könne sich damit ein paar Batzen verdienen. Hätte er früher gewußt, dass man für so ein Ding in Wien einen Zwanziger zahle, so könnte er jetzt ein reicher Mann sein. Der Schreiner habe ihm dann gezeigt, wo es die wertvolle Blume gibt und sie hätten eine Halde gefunden, die über und über mit blühenden Edelweiß besät war: „Eine steile, kurzgrasige Halde stieg da hinauf und war über und über mit der gesuchten Blume besäet (...) Trotz meiner mannigfachen Gebirgswanderungen hab ich eine solche Fülle von Edelweiss nie gesehen (...)."

Am Ende seiner Wanderungen beklagt Max Vermunt den Einbruch der Realität, gemeint ist die fortschreitende Industriealisierung in Vorarlberg. Er meint: „(...) dort an der Ill braust die Turbine, dreht sich geschäftig die Spindel, raucht der riesige Dampfschlot und berechnet man die Summe des Daseins wieder nach Contocorrent und Hauptbuch: dort fährt der kaiserliche gelbe Eilwagen, läuft der Telegraphendraht, liest man Zeitung und zerbricht sich den Kopf über die Umgestaltung der Welt – Dinge die höchst notwendig sind im neunzehnten Jahrhundert, aber uns doch lange nicht so lieb wie die grüne Einsamkeit unserer stillen Winkel."

Max Vermunt gibt in seinem Beitrag keine Jahreszahl an, grob geschätzt wird es sich bei seiner Wanderung aber um die Zeit zwischen 1880 und 1890 gehandelt haben. Max Vermunt war das literarische Pseudonym von Freiherr Karl von Seyffertitz, 1825 – 1900, Beamter, Politiker und Naturwissenschaftler, von 1867 bis 1870 Bürgermeister von Bregenz und frühes Mitglied der Alpenvereinssektion Vorarlberg.

—Max Vermunt: Stille Winkel in Vorarlberg, in: Norman Douglass: Monographs Vorarlberg „Together", 1872, Seite 17 und 18.

—www.biographien.ac.at

—Emailkorrespondenz mit Peter Strasser über Karl von Seyffertitz, vom 18. Oktober 2008.

— Kamm zum Strahleck —

WILDERER, DIE REBELLEN DER BERGE

Für den Soziologen Roland Girtler liegen die Wurzeln der Wilderei in der Armut der Bergbevölkerung. Wilderer waren keine Trophäenjäger, sondern Fleischjäger. Sie waren auch die ersten, die waidmännisch geschossen haben – das Tier musste im Feuer fallen, sie hatten keine Zeit dem verletzten Tier nachzujagen. Im 19. und noch zu Beginn des 20. Jahrhunderts kam es immer wieder zu tödlichen Duellen zwischen Wildschützen und Vertretern der Staatsmacht.

— Hirschsee im Nenzinger Himmel —

Die Gebiete um das Salaruel- und Barthümeljoch im Nenzinger Himmel wurden oft von Schweizer Wilderern aus Graubünden aufgesucht. Die Grenze war für sie kein Hindernis und es gab ständig Probleme mit Schweizer Wildschützen. Zwei davon waren in den folgenden tragischen Fall verwickelt.

ABGEKNALLT IM SALARUEL

Am Donnerstag, dem 25. September 1913 (in anderer Lesart am Freitag, dem 26. September), kommt es im Salarueltal (Gamperdonatal) zu einer blutigen Tragödie. Die beiden österreichischen Jagdaufseher Josef Heingärtner und Felix Schneeberger treffen auf zwei mit Gewehren ausgerüstete Unbekannte, die dem Panüeler zusteigen. Es handelt sich um die zwei Bündner Wilderer Johann Hartmann, 28 Jahre alt, und Jakob Ehret, 50 Jahre alt. Sie sind mit Martini Gewehren bewaffnet und auf der Nachsuche nach einer angeschossenen Gams.

Die österreichischen Jagdaufseher rufen den beiden zu, die Gewehre niederzulegen und sich zu ergeben. Die beiden Wilderer jedoch fliehen, kommen dann aber auf einem Gebirgskamm nicht mehr weiter. Jakob Ehret wagt die Flucht, wird von Felix Schneeberger geschnappt und festgehalten, der andere Wilderer, Johann Hartmann, beginnt zu schießen, sein Schuss trifft Josef Heingärtner hinten am Schulterblatt. Er ist sofort tot.

Hartmann schießt ein weiteres mal. Seine Kugel durchbohrt beide Schenkel von Felix Schneeberger. Die Wilderer fliehen, ohne sich um den Toten und den Schwerverletzten zu kümmern.

Der angeschossene Felix Schneeberger schiebt sich auf dem Rücken eine Geröllhalde hinunter und kriecht von dort zur Panüelape. Erst am Morgen des nächsten Tages wird er in der Nähe des Hirschsees unter einer Föhre im Schutz eines Felsens vom k. und k. Förster Heinrich Klotz gefunden. Er wird ins Tal und von dort ins Spital nach Feldkirch gebracht. Er überlebt, beide Beine aber sind gelähmt.

Die beiden Wilderer sind über die Grenze entkommen. Eine Gerichtskommission untersucht den Fall, kann oder will aber vorerst die Identität der Flüchtigen nicht klären. Erst später konnte derjenige, der geschossen hatte, ausgeforscht werden. Johann Hartmann wird am 15. Februar 1914 wegen Körperverletzung mit tödlichem Ausgang und mittelschwerer Körperverletzung zu einer Gefängnisstrafe von sechs Jahren verurteilt.

Der Gerichtspsychiater meinte zu Hartmann: „Der Hartmann zuhause und der Hartmann auf der Jagd sind zwei verschiedene Personen mit verschiedener Weltanschauung."

Hartmann hat die Tat bitter bereut und auch die Familien der beiden Opfer finanziell entschädigt (man erzählte sich aber, dass das Geld eigentlich vom Schweizer Jagdherren Schmidheiny stammte, dem es peinlich war, das ein Landsmann von ihm „seinen" Jäger totgeschossen hat). Hartmann wurde dann vorzeitig aus dem Gefängnis entlassen.

—Info-Gespräch mit Thomas Gamon, Marktgemeindearchiv Nenzing, vom 25. Februar 2009.
—Karl Gamon: Sagen und Geschichten aus Nenzing, Nenzing 1997, Seite 126 bis 129.
—Karl Gamon: Der Mord im Salarueltal, in: Vorarlberger Volkskalender, 1990, S 47-54.
—Vorarlberger Landes-Zeitung, 29.9.1913.

WILDERER: GAMPERDONA UND VERMALES

1804 wilderte der Nenzinger Jakob Tschamon einen Hirsch im Gamperdona und wurde dafür zu 14 Tagen schwerem Arrest sowie einer Geldstrafe verurteilt.

Der rote Wilderer: um die Jahrhundertwende trieb ein Bündner Wilderer sein Unwesen in Vermales und am Barthümel. Er hatte rote Haare und war überall gefürchtet. Alle Jäger von Nenzing waren hinter ihm her. Einmal trieben ihn drei Jäger in die Enge. Der rote Wilderer flüchtete und schoss auf die Jäger. Dann zog er sich auf den Naafkopf zurück, kletterte die steile Felswand hinab und verschwand. Im folgenden Frühsommer fand ihn ein Bünder Jäger in einer Runse: der rote Wilderer war nurmehr ein Totengerippe, neben ihm lag noch seine Büchse.

—Karl Gamon: Der Wilddieb im Gamperdona, in: Vorarlberger Volkskalender, 1981, Seite 114-118.
—Karl Gamon: Sagen und Geschichten aus Nenzing, Nenzing 1997, Seite 130.

GROSSE FURKA

WO DER STEINBOCK GRÜSST: NENZINGER HIMMEL – HOCHJOCH/GROSSE FURKA 2.353 m – BARTHÜMELJOCH 2.305 m – PFÄLZERHÜTTE – NENZINGER HIMMEL

GROSSE FURKA

DIE ROUTE

Der Weg zum Hochjoch und zum Barthümeljoch ist landschaftlich völlig anders als der Weg zum Salarueljoch, obwohl die beiden Hochtäler unmittelbar nebeneinander liegen und nur durch den langgezogenen Hornspitz/Strahleck-Kamm voneinander getrennt sind. Dominiert im Salarueltal eher das Grau der Steine und der Schutthalden, ist die Landschaft aufs Hochjoch von grünen, teilweise recht steilen Matten geprägt. Eingestreut sind ausgedehnte Felsenbänder, die dem Auge bergige Patchworks bieten.

Am Anfang wie auf der Route zum Salarueljoch vom Nenzinger Himmel Richtung Hirschsee. Dann, statt links zum Salaruel, rechts halten auf die Panüel Alpe zu. Von hier steigt man über leicht ansteigende Wiesen auf und überwindet zwei kurze Stiche. Links begleitet dich der atemberaubende, scharf gezackte Hornspitzkamm. Nicht selten äsen hier Gemsen und Steinböcke auf schmalen grünen Grasbändern im Fels.

Es folgt ein kurzer Steilanstieg, der nach rechts hin jäh in den Kessel, in dem die Meng entspringt, abfällt. Oben auf der Schulter angekommen, folgt man einem Schräganstieg über Schutt, direkt unter der Hornspitze. Ein Stück Weg, das deine Augen zum Leuchten bringt. Es könnte ein Guerillapfad sein, du kannst dir vorstellen, wie bärtige, bewaffnete Kämpfer im Gänsemarsch emporsteigen. Bei uns waren früher stattdessen Jäger, Wilderer oder Schmuggler hier unterwegs.

Am Ende der Schräge führen noch ein paar steile Serpentinen nach oben und dann steht man am Ausstieg zum Hochjoch, das aber ein wenig tiefer rechts liegt und über eine Felskuppe erreicht wird.

Nun beginnt der landschaftlich großartige Liechtensteiner Höhenweg über das Barthümeljoch zur Pfälzerhütte. Es ist ein Spaziergang durch ein hochalpines WunderbarLand. Ein kunstvolles Tafelbild aus grünen Hochweiden, rot gefärbten Felsen, grauem Schiefer und silbrig glänzendem Gestein. Ein gemächliches Auf und Ab, vorbei am geheimnisvollen Barthümeljoch (geheimnisvoll wegen des eigentümlichen Namens), vorbei am Fuße der Felspyramide des Naafkopfes, bevor man schließlich bei der Pfälzerhütte ankommt. Der Naafkopf ist einer der wenigen Grenzberge, auf denen drei Staaten zusammenkommen: rund ums Gipfelkreuz läuft ein Bänklein und wenn drei Leute darauf Platz nehmen, sitzt jeder in einem anderen Land.

Von dort führt der Abstieg mit Blick auf die Nenzinger Vermales Alpe wieder zum Nenzinger Himmel zurück, dem Ausgangspunkt dieser admirablen Tour. —

ROUTENINFOS:

Nenzinger Himmel – Panüel Alpe – Hochjoch/ Große Furka – Barthümeljoch – Pfälzerhütte – Nenzinger Himmel

ART: Wanderweg, ab dem Hochjoch Höhenweg zur Pfälzerhütte

HÖHENMETER AUFSTIEG: ca. 1000 m

DAUER/GEHZEIT: gesamt ca. 6,5 h – 7 h, vom Nenzinger Himmel bis zum Hochjoch ca. 3 h – 3,5 h, Hochjoch/Barthümeljoch/Pfälzerhütte ca. 1,5 h – 2 h, Pfälzerhütte/ Nenzinger Himmel ca. 1,5 h

AUSRÜSTUNG: gute Bergschuhe, Sonnenschutz, Kopfbedeckung, Wasser

AUSSICHT: Hornspitze, Mengtal, Salarueljoch, Tschingel, Panüeler, Salaruelkopf, Schesaplana, Kirchlispitzen, Drusenfluh, Rätikon Höhenweg-Süd, Naafkopf, Bettlerjoch

GIPFEL: Hornspitze, Tschingel, Naafkopf

NATURDENKMAL: unter anderem der Stüberwasserfall und der Bärawald (seltener Spirkenwald eine Art der Bergkiefer, ein Relikt aus der Eiszeit)

EINKEHRMÖGLICHKEIT: Pfälzerhütte bewirtschaftet von Mitte Juni bis Anfang Oktober

BESTE WANDERZEIT: Juni, Juli, August, September

ÖFFENTLICH: mit der Bahn bis Bahnhof Nenzing (Fahrplan: www.vmobil.at), ab Nenzing mit dem Taxibus durchs Gamperdonatal zum Nenzinger Himmel (Busunternehmen: Gantner, sowie Lisi & Friedl, beide Nenzing, Anmeldung ratsam).

KARTE: Vorarlberg Atlas auf http://vogis.cnv.at

— Traverse zur Großen Furka —

DER NAME BARTHÜMELJOCH

Laut Zösmair abgeleitet entweder aus pratum, pratinellum, was soviel wie Wieslejoch bedeutet oder das Wort stammt von porta, portanella, was Törlejoch bedeutet. Es gab auch eine Nenzinger Partümel Alpe, die schon 1610 erwähnt wurde.

—Josef Zösmair: Die BergnamenVorarlbergs, 1923, Seite 10.

BÄDER DER WILDEN LEUT

Der Prättigauer protestantische Pfarrer Nicolin Sererhard (er bestieg um 1730 die Schesaplana) berichtet auch von einer Besteigung des Tschingel. Unterhalb des Tschingelgipfels findet er 8 oder 9 große Gruben oder Löcher vor. Er fragt einen Bauern, was es damit auf sich hat und dieser antwortet: das seien vor langer Zeit die Bäder der wilden Leute gewesen, worüber Sererhard lachen muss. Die wilden Leute sind in der heimischen Sagenwelt die Fenggen, das sind durchwegs freundliche Geister, die den Menschen gut gesinnt sind und ihnen helfen.

—Nicolin Sererhard: Auf dem Tschingel, in: Wolfgang Irtenkauf, Scesaplana: Faszinierende Bergwelt des Rätikon zwischen Vorarlberg, Liechtenstein und Graubünden, Sigmaringen 1985, Seite 55.

DER HIRT VON GAMPERDON

Eine Sage berichtet: wenn nachts heimlich aufwache, was sich am Tage nicht regt, dann steige im silbrigen Dimmer ein alter Hirt vom Spusagang ins Tal. Seine weiße Kutze wehe um die Schröfen, an seinem hohen Stecken schreite er mächtig her und halte die Nachthut im Gamperdon. Er sei zu Lebzeiten ein guter, frommer Hirte gewesen, aber schon lange gestorben und immer, wenn von den Alpen Setsch und Gorvion, Gamp und Güfel, Amatschon und Stafeldon, Vals, Vermales und Valscherina der Alpruf hinauftöne, steige der alte Hirt übers Salaruel vom Himmel herab und rufe:

Oohoo - oohoo - e - oohoo!
Ave Maria! Ave Mariaa - oo!
Üsere liab Frau mit iahrem Kind,
sie well üs b'hüata und bewahra i üserm Ring,
üsa liab Herr Jesus Chrischt,
so wit as ar ist,
so wit ma das heilig Ave Mareia höra mag
i üserm Tal
wohl überall!
(…)
Sankt Peter, nimm d'Schlüssel woh i dine rechte Hand,
b'schlüß wohl am Bär sine Tatza,
am Lux sin Biß, am Rapp sin Schnabel,
am Schtä sin Lauf,
dr Tanna da Fall,
der Kuah iahra Gang!
Das walt die allerheiligscht Drüfaltigkeit,
Gott Vater, Gott Sohn und Gott heilig Geischt
Oohoo, b'hüats Gott!"
Oohoo, b hüats Gott!"

So habe der gute Hirt Macht über fremde und feindliche Gewalten und droben im Himmel fahren die lieben Seligen im goldenen Wagen auf der Sternenbahn dahin.

—Karl Gamon: Sagen und Geschichten aus Nenzing, Nenzing 1997, Seite 85 bis 88._

BETRUF

Der Älplergesang steht in der Tradition althochdeutscher Zaubersprüche. Damit wollte man Geister und Dämonen besänftigen und Schaden abwehren. Als Übel werden meistens Raubtiere wie Bär, Wolf, Luchs, Rabe und Greifvogel sowie der Teufel, Steinschlag und Lawine genannt.

In vorchristlicher Zeit beschwor man also Geister und Dämonen, später, im christlichen Alpsegen, ruft der Senner im litaneiartigen, psalmodierenden Gebet den Schöpfer und die Heiligen, wie etwa die Gottesmutter Maria, Jesus Christus und den heiligen Apostel Petrus an.

—Erich Schneider: Der Alpsegen, in: Vorarlberger Volkskalender 1991, Seite 61.

WEM GEHÖRT DER RÄTIKON?

Bisher hatte ich immer angenommen, der Rätikon gehöre uns allen oder dem Staat. Wie kann jemand Berge besitzen, philosophierte ich. Falsch gedacht. Alle Gebiete im Rätikon sind entweder das Eigentum von Privatpersonen, Gemeinden, Jagdbesitzern oder Alpgenossenschaften. Dass wir im Rätikon trotzdem frei wandern dürfen, haben wir dem Wegerecht zu verdanken.

DIE HÜTER DER BERGE

Die nordseitigen Grenzberge des Rätikons von der Mannheimer Hütte bis zur Tilisuna Hütte liegen zum Beispiel auf den Gemeindegebieten Brand, Vandans und Tschagguns. Sie gehören den Gemeinden, privaten Grundeigentümern, Eigenjagdbesitzern oder Jagdgenossenschaften und regulierten bzw. unregulierten Alpinteressentschaften, Alpgenossenschaften oder Alpgemeinschaften. Das Herz des Rätikons, der Brandner Gletscher und die Schesaplana, gehören der Gemeinde Brand. Sie hat dieses Gebiet an die Jagdgenossenschaft Brand I bis 2013 verpachtet, denn auch in dieser hochalpinen, unzugänglichen Gegend wird gejagt. Mehr dazu im Kapitel „Auf der Jagd".

Weil der Brandner Gletscher zu Brand gehört, ging der Impuls, den Gletscher für den schwachen Sommertourismus zu erschließen, nicht von ungefähr von einer Tourismusgruppe in Brand aus. Mehr dazu im Kapitel „Kaltes Grab für ein Projekt".

—Emailkorrespondenz mit Bernd Welte, Bezirkshauptmannschaft Bludenz, vom 18.3. 2007, mit Auszügen aus dem Jagdkataster und Übersichtskarte.

TOURISMUS VERSUS JAGD

Die Nutzung des verfügbaren Naturraumes durch den Menschen ist seit 1988 deutlich angestiegen. Auffallend dabei ist, dass befragte Interessensgruppen überwiegend eine Abnahme von Jagd und Forst und eine Zunahme von Naturschutz und Tourismus angeben. Ganz allgemein kann auch von einer starken Zunahme von Sperrgebieten für Tourismus, Militär, Naturschutz, Forstwirtschaft und Jagd gesprochen werden (seit 1995 um 18%).

—Reimoser, Spörk, Duscher, Agreiter: Evaluierung der Wild – Umwelt – Situation im Bundesland Vorarlberg, 2005, Seite 124.

—Wegfreiheit im Wald und im Berggebiet, in: Rechts-Infotext des Österreichischen Alpenvereins, 2004.

DAS WEGERECHT

Könnte z.B. die Alpgemeinschaft Spora beschließen, dass niemand mehr aufs Drusentor wandern darf? Nein, denn das Wegerecht ist in den meisten Bundesländern gesetzlich geregelt. Für Vorarlberg normiert der § 24 des Vorarlberger Straßengesetzes (1969), dass unproduktive Grundstücke, ausgenommen Bauwerke, auch ohne Einverständnis des Grundeigentümers jederzeit betreten und zum Schifahren oder Rodeln, auch Klettern, Biwakieren, Bergsteigen, Snowboarden, Schitourengehen, usw. benutzt werden dürfen, sofern sie nicht eingefriedet oder durch Aufschrift oder ähnliche Vorkehrung als gesperrt bezeichnet sind.

—Wegfreiheit im Wald und im Berggebiet, in: Rechts-Infotext des Österreichischen Alpenvereins, 2004.

OBERZALIMHÜTTE

SCHWEBEN IM LICHT: BRAND – ZALIMTAL – OBERZALIMHÜTTE 1.889 m – ZALIMTAL – BRAND

OBERZALIMHÜTTE

DIE ROUTE

Von der Palüdbahn-Talstation in Brand führt die Wanderung entlang des Glingawegs Richtung Zalimtal. Hier rauscht der Palüdbach direkt neben dem Weg. Von links stürzen die Kaskaden des Glingabachs wie ausgelaufene Milch über bemoostes, steiles Gelände in die Tiefe. Etwas weiter oben wird man vom „weißen" Rauschen des Glingabachs begleitet. Dort lädt dann auch der Glingabrunnen zum Verweilen ein. Das ist ein Naturdenkmal, eine Quelle, die vom Brandner Gletscher gespeist wird. Extrem kaltes Wasser, aber gut zum Kneipen. Auf einer Schulter angekommen, öffnet sich der Blick ins grüne Zalimtal. Die Palette reicht vom hellen Grün der Almwiesen und pionierbewachsenen Schuttkegel bis zu den satten Grüntönen von Lärchen, Tannen und Fichten. Ein Farbcocktail in Grün! Und dazu das Licht des Sommers, das fließende Licht!

Eine Besonderheit: die Hangwälder auf der Mottakopfseite des Zalimtals zeichnen sich durch einen für Vorarlberg ungewöhnlich hohen natürlichen Lärchenanteil aus, der als Resultat des vergleichsweise trockenen Lokalklimas gedeutet werden kann (Vorarlberger Biotopinventar, Seite 50). Im Herbstwind schwanken die Lärchen wie leuchtendes Gold!

Weiter geht es jetzt auf einer Forststraße entlang des Tals, vorbei an der Unterzalim Alpe und der unteren Brüggele-Alpe, direkt unterhalb der wuchtigen Felsmassive von Wildberg und Panüeler. Nach einem Waldstück beginnt der Anstieg zur Oberzalimhütte, immer noch auf der Forststraße. Von hier an geht man nicht mehr unter schützenden Bäumen, an einem schönen Sommertag kann es also bis zum Ziel recht heiß werden.

Der Weg ist eigentlich recht steil, aber man merkt es nicht, weil es in sanften Abschnitten hinauf- und erst ganz am Schluss in steilere Serpentinen übergeht. Bald sieht man auch schon die Oberzalimhütte rechts oben vor sich. Sie ist durch eine Materialseilbahn mit der Mannheimer Hütte auf dem Brandner Gletscher verbunden. Wanderer, die über den Leibersteig wollen, können damit ihre Rucksäcke transportieren lassen. Von der Terrasse der Hütte hat man einen wunderbaren Blick auf den gegenüberliegenden Panüeler, den Oberzalimkopf, die Oberzalimscharte und auf die fast senkrechte Nordflanke des Panüelers unterhalb der Mannheimer Hütte, durch die der abenteuerliche Leibersteig führt.

Für den Rückweg kann dieselbe Route gegangen werden, oder als Variante der Fürkelesteig, der bis zur oberen Brüggele-Alpe führt. Von dort steigt man ab und kommt wieder auf die Forststraße des Zalimtals und zurück nach Brand.

AUSBAUSZENARIO ZALIMTAL

Anfang der 1970er Jahre wollte man im Zuge des Projektes der Erschließung des Brandner Gletschers als Sommerskigebiet mit Seilbahn und Schleppliften auch zusätzlich das Zalimtal für mehr Tourismus erschließen. Zum Glück ist aus dem Projekt nichts geworden und das Zalimtal ist von Massentourismus verschont geblieben. —

—Peter Strasser: Kampf um den Gletscher, in: Zwischen himmelstürmenden Gipfeln, 100 Jahre Straßburger/Mannheimer Hütte und Oberzalimhütte 1905 – 2005, Mannheim 2005, Seite 51.

ROUTENINFOS:

Brand – Zalimtal – Oberzalimhütte – Zalimtal – Brand

ROUTENVARIANTE RÜCKWEG: Oberzalimhütte – Fürkelesteig – Obere Brüggele Alpe – Brand

ART: Wanderweg

HÖHENMETER AUFSTIEG: von Brand ca. 800 m

DAUER/GEHZEIT: gesamt ca. 5 h – 5,5 h, von Brand zur Oberzalimhütte ca. 3 h, retour ca. 2 h

AUSRÜSTUNG: gute Bergschuhe, Sonnenschutz, Kopfbedeckung, Wasser

AUSSICHT: Panüeler, Oberzalimkopf, Oberzalimscharte

BENACHBARTE STEIGE: Fürkelesteig, Leibersteig, Straußsteig, Spusagang

ÜBERGÄNGE: über den Leibersteig zur Mannheimer Hütte, ca. 2,5 h – 3 h, von dort über den Brandner Gletscher auf die Schesaplana und über die Totalphütte zum Lünersee (Überschreitung, mehr dazu im Kapitel „Brandner Gletscher"), über die Oberzalim-

— Naturdenkmal Glingabrunnen —

scharte und den Spusagang in den Nenzinger Himmel
NATURDENKMAL: Glingabrunnen, gespeist vom Brandner Gletscher
EINKEHRMÖGLICHKEIT: Oberzalimhütte bewirtschaftet von Anfang Juni bis Mitte Oktober. Beste Wanderzeit: Juni, Juli, August, September
ÖFFENTLICH: Landbus 81 Bludenz/Bahnhof nach Brand, Fahrplan: www.vmobil.at
KARTE: Vorarlberg Atlas auf http://vogis.cnv.at

DIE OBERZALIMHÜTTE

Angeregt wurde der Bau durch die beiden Brandner Wirte Adam Beck und Vincenz Gaßner (sie waren auch für die Bewirtschaftung der Straßburger/Mannheimer Hütte zuständig), um eventueller Konkurrenz vorzubeugen. Die Hütte sollte als Versorgungsbasis für die Straßburger/Mannheimer Hütte dienen. 1905 wurde mit dem Bau begonnen und am 14. August 1905 Eröffnung gefeiert. 2008 wurde die Hütte umgebaut und ist zurzeit wohl die Hütte mit dem modernsten und angenehmsten Ambiente in Vorarlberg.

—Guntram Jussel: Berge und Menschen – ein alpines Lesebuch, Bludenz 1995, Seite 240/241.

DER NAME ZALIM

Zalim ist eine Walservariante von rätoromanisch „Salum", was soviel wie „Eigenbesitz, Eigentum" bedeutet. Der Name bezieht sich also auf die ursprünglichen Besitzverhältnisse im Zalimtal.

—Info-Gespräch über Rätikon Geschichten und Geschichte mit Reinhard Ganahl, Schuldirektor i. R. in Brand, vom 23. August 2008.

DER GLINGABRUNNEN

Das Naturdenkmal besteht aus mehreren Quellen, die über unterirdische Zuflüsse direkt vom Brandner Gletscher gespeist werden. Der Glingabach stürzt unterhalb des Glingabrunnens in einer rauschenden Kaskade in die Tiefe und vereinigt sich dort mit dem Palüdbach. Dieser einmalige und schützenswerte Biotopkomplex wird von einem mächtigen Felsblock und gut ausgebildeten Grauerlenschluchtwäldern vervollständigt.

— Zalimtal mit Panüeler —

Das Vorarlberger Biotopinventar empfiehlt ganz klar: Quellen und Quellbäche in Ruhe lassen. Mit dem Wanderweg wurde der eindrucksvolle Blick auf die Kaskaden bei der Mündung in den Palüdbach erschlossen.

—Vorarlberger Biotopinventar 84/89, Seite 36.

DAS WILDMÄNNLE AUF DER ALPE ZALIM

Man erzählte sich, dass eine Sennerin auf der Alpe Zalim mit einem Wildmännle, das ihr beim Kühe Hüten half, Erbarmen hatte und ihm ein neues Gewand machen ließ. Als das Wildmännle das schöne Röcklein und die Hosen und das Brusttuch sah, lachte es, klatschte in die Hände und rief vor Freude: „Bubele, Bubele, bubrecheta Ma, daß is Bobele nümme hüete ka!" Dann hat es das andere Häs (Kleidung) unter den Arm genommen und ist fortgeblieben.

—www.sagen.at

DAS NACHTVOLK IN BRAND

Ein junger Heuzieher kam einst noch spät vom Zalim her durch das Seitenmahd heraus. Auf einmal hört er bei der Ruabbanka (Ruhebank an der Wegscheide zur Zalim- und Straßburger Hütte einerseits und nach Palüd und dem Nenzingerhimmel anderseits) die herrliche Musik des Nachtvolkes, das dem Palüdbache nach gegen den Riedstutz aufwärts fuhr. Mochten ihn auch die nebelhaften Gestalten erschrecken, die Macht der Töne bannte ihn und er horchte und horchte, bis sie langsam verklangen und der Zug in die Nacht und den Wald hinein verschwand. Der Bursche war starr vor Kälte, mußte wacker mit seinen Armen ins Kreuz schlagen, bis er Gleich (Gelenke) bekam und die Heuburde wieder zur Hand nehmen konnte. Dann fuhr er zu Tal, und als er bei der Dorfstraße ankam, hörte er zu seinem Staunen und Schrecken Ave Maria läuten. So lange hatte ihn also der nächtliche Spuk genarrt.

—Richard Beitl: Im Sagenwald. Neue Sagen aus Vorarlberg, 1953, Nr. 310, S. 177f

SCHWARZE, BISWEILEN SCHEUSSLICHE GESTALTEN

Der Ausdruck Nachtvolk (Nachtschar) bezeichnet in der alemannischen Mythologie eine bestimmte Gruppe von Geisterwesen. „Es ist eine führerlose Schar schwarzer, bisweilen scheußlicher Gestalten, die öfter nur zu hören und nicht zu sehen sind" (Beitl). In vielen Sagen aus dem Alpengebiet, besonders aus Vorarlberg und der Schweiz, wird von Begegnungen eines Menschen mit dem Nachtvolk erzählt. Er hört Jauchzen, Menschenstimmen, Brüllen, Meckern von Tieren, Peitschenknall und Pferdegewieher, als ob ein Zug von Hirten oder Fuhrleuten vorbeiziehe. Manchmal vernimmt er auch überirdische Musik und Flötenspiel wie bei einem nächtlichen Tanz.

—www.wikipedia.de

AUF DER JAGD

Kaum zu glauben: auch auf dem Brandner Gletscher und im Schesaplana-Gebiet auf fast 3.000 m wird gejagt. Bergjäger sind kernige Männer. Gewandt, fit und leichtfüßig. Wer hoch droben jagen will, muss früh aufstehen und weite Wege gehen. Einsame Landschaft, die Augen auf der Fährte. Chingachcook und Falkenauge lassen grüßen!

WAIDMANNS HEIL

Albert Nessler, ein erfahrener Jäger aus Brand meint: „Steilheit darf einem Bergjäger nichts ausmachen." Die Jagd im schroffen Gelände ist schön, aber anstrengend. So gilt die Eigenjagd ob der Sarotla Alpe wegen der Steilheit der Hänge als eines der schwierigsten Jagdgebiete überhaupt. Bei der Bergjagd braucht es nach wie vor Muskeln und Kondition: eine geschossene Gams wird ins Tal gezogen/getragen, für einen Hirsch braucht es drei bis vier Leute zum Bringen. Bejagt werden Steinwild, Gams, Rotwild, Murmeltiere. Im Genossenschafts-Jagdgebiet Brand I (Schesaplana, Brandner Gletscher, Zalim Tal) gibt es seit 1962 wieder Steinwild, das hier ausgesetzt wurde. Pro Jahr darf eine Geiß geschossen werden. Auch am Gletscher wird gejagt, es kommt nämlich vor, dass Hirsche bis hinauf auf den Gletscher gelangen. Erfreulich ist es auch, dass wieder drei bis vier Steinadler im Brandnertal horsten (es gibt ca. zehn Horste im Revier). Mit ausgebreiteten Flügeln erreicht ein Steinadler eine Spannweite von über zwei Meter.

WENN DER LUCHS ERWACHT

Historisch war der Luchs zusammen mit dem Wolf und dem Bär eine wirtschaftliche Bedrohung für die damalige bäuerliche Bevölkerung. Aus Amtsrechnungen des Vogteiamtes Bludenz geht hervor, dass in den Jahren 1518 bis 1690 in den Herrschaften Bludenz und Sonnenberg mindestens 251 Luchse erlegt worden sind. Zwischen 1820 und 1830 riss der letzte Montafoner Luchs Ziegen auf Rong in Gargellen. Im Vorarlberger Biotopinventar heißt es: Bärloch und Luchsfalla als Flurnamen sind fast im ganzen Land Hinweise, dass es diese als „Raubzeug" gnadenlos verfolgten Tiere auch im Brandnertal gegeben hat. Aber: 2002 wurde ein Luchs in der Nähe von Bludenz gesichtet und auch im steilen Gelände ob Brand ist der Luchs als scheuer Gast wieder unterwegs. So hat der Hüttenwirt der Mannheimer Hütte, Wilfried Studer, in einem Winter die Spuren eines Luchses am Leibersteig entdeckt. Auf Nenzinger Gemeindegebiet hat man Luchs-Risse registriert, die vielleicht vom selben Luchs stammen. Albert Nessler berichtet, dass er bereits vor 20 Jahren einen Luchs im Zalimgebiet mit eigenen Augen gesehen habe. Wahrscheinlich kommen alle diese Tiere aus den Luchspopulationen Graubündens, wo der Luchs 1971 wieder angesiedelt wurde.

—Info-Gespräch mit Albert Nessler, Jäger/Brand, vom 30. Juni 2007.
—Vorarlberger Biotopinventar 1984/89, Seite 52.
—Dietmar Jäger: Die Tierwelt des Montafons, in: Montafon 1 – Mensch, Geschichte, Naturraum, Schruns 2005, Seite 104 und 105.

JAGDGEBIETE IM RÄTIKON

Schesaplana, Brandner Gletscher, Mannheimer Hütte gehören zum Gebiet der Genossenschaftsjagd Brand I (angrenzend an Eigenjagd Lün-Lünersee). Jagdverfügungsberechtigt(e): die Jagdgenossenschaft Brand. Jagdverfügungsberechtiger: der Verpächter und manchmal, aber nicht immer, identisch mit dem eigentlichen Grundeigentümer.

TOTALP

Gehört zum Gebiet der Eigenjagd Totalp (angrenzend an Eigenjagd Lün-Lünersee. Jagdverfügungsberechtigt(e): die Vorarlberger Illwerke AG, Bregenz.

LÜNERSEE, GAFALLJOCH

Gehören zum Gebiet der Eigenjagd Lün-Lünersee (angrenzend westlich an Genossenschaftsjagd Brand I, östlich an Eigenjagd Zaluanda). Jagdverfügungsberechtigt(e): die Agrargemeinschaft Alpgenossenschaft Lün-Lünersee.

KIRCHLISPITZEN

Gehören zum Gebiet der Eigenjagd Zaluanda (angrenzend westlich an Eigenjagd Lün-Lünersee, östlich an Eigenjagd Spora Alpe). Jagdverfügungsberechtigt(e): Agrargemeinschaft Bürs.

DRUSENFLUH, DREI TÜRME, DRUSENTOR

Gehören zum Gebiet der Eigenjagd Spora Alpe (angrenzend westlich an Eigenjagd Zaluanda Alpe, östlich an Eigenjagd Tilisuna). Jagdverfügungsberechtigte: Alpgemeinschaft Spora.

TILISUNA FÜRKELE UND SCHEIENFLUH

Gehören zum Gebiet der Eigenjagd Tilisuna (angrenzend westlich an Eigenjagd Spora Alpe). Jagdverfügungsberechtigt(e): Alpgenossenschaft Tilisuna.

—Bernd Welte, Bezirkshauptmannschaft Bludenz, Emailkorrespondenz über den Jagdkataster im Rätikongebiet mit Übersichtskarte, vom 18. März. 2007.

TIERE IM RÄTIKON

Gamsrudel, Rehe und Hirsche (besonders spektakulär ist die alljährliche Hirschbrunft im Nenzinger Himmel). Auch ein Luchs soll inzwischen wieder im Rätikon gesichtet worden sein. Ganze Murmeltierfamilien begegnen dem Rätikonwanderer. In den Wäldern gibt es Fuchs, Stein- und Edelmarder, Wiesel, Hermelin, Hase und Dachs. Auch Uhu, Steinadler, Mäusebussard, Auerhahn, Birkhuhn, Schneehuhn und Steinhuhn haben hier ihren Lebensraum. Nachdem das Steinwild vor über 200 Jahren ausgerottet worden war, wilderte der Vorarlberger Landesjagdschutzverein zu Pfingsten 1958 in Gargellen drei Böcke und drei Geißen Steinwild aus. Die Population entwickelte sich gut und um das Jahr 1974 zählte man bereits ca. 30 Steinböcke in diesem Gebiet.

—Walter Krieg: Flora und Fauna, in Montafoner Heimatbuch, Schruns 1974, Seite 57-81.

—Biotopinventar Vorarlberg 1984/89, Seite 73.

— Ostflanke des Schwarzhorns und Tilisuna Seehorn —

BRANDNER GLETSCHER

DER STEIG ZUM EIS: BRAND – OBERZALIMHÜTTE – LEIBERSTEIG – MANNHEIMER HÜTTE 2.679 m – BRANDNER GLETSCHER – SCHAFKÖPFE – SÜDWANDSTEIG – TOTALPHÜTTE – LÜNERSEE – BRAND

DIE ROUTE

Von Brand zur Oberzalimhütte (die Route dazu im Kapitel „Oberzalimhütte“). Von hier steigt man gemütlich vorbei an der Oberzalimalpe und beginnt mit Serpentinen über steilen Rasen bis hin zum Wandfuß. Der Übergang in den Fels erfolgt unmittelbar. Jetzt befindet man sich auf dem eigentlichen Leibersteig, der 1904 eröffnet wurde (mehr dazu im Kapitel „Wege und Stege“).

Der Steig durch die Nordflanke zwischen Panüeler und Wildberg ist ein packender Genuss. Immer breit genug, gut angelegt und teilweise mit starken Bodenbohlen und dicken Drahtseilen gesichert. Zuerst immer in Serpentinen durch den Fels hinauf, um Höhe zu gewinnen, dann folgt eine langgezogene, leicht ansteigende Traverse, die mit zum schönsten Streckenstück gehört. Man geht buchstäblich durch den Fels. Die Oberzalimhütte liegt inzwischen tief unten, wie eine Miniatur. Von dieser Traverse aus gibt es auch einen Verbindungssteig zum benachbarten Straußsteig, von wo man weiter auf den Panüeler kann.

Nach der Traverse geht es über eine steile, aber bequeme Treppe aus dicken Holzbalken weiter hinauf. Nun folgt wieder ein Serpentinenstich aufwärts und dann kommt man über den Ausstieg direkt auf den Nordrand des Brandner Gletscherplateaus. Rechts der Panüeler, links die Mannheimer Hütte, die wie ein Adlerhorst am Rande des Abgrunds klebt (Barnay). Hier oben könnte dir auch jene Sennerin begegnen, die der Sage nach noch auf dem Gletscher geistert (mehr dazu in „Verflucht“, Seite 74).

Jetzt hat man das Schmuckstück des Rätikons vor sich: die 2.965 m hohe Schesaplana, von der Mannheimer Hütte aus gesehen. Aus dieser Perspektive wirkt sie sensationell und spektakulär. Die Felsenpyramide mit den charakteristischen Faltungen reckt sich schwarz aus dem schneeweißen Gletscherfeld. Es sind Korallenkalke, die als senkrecht gestellte Bänke den Gipfel aufbauen (ca. 200 – 250 Millionen Jahre alt); dieser türmt sich wie ein schwarzer Riese aus dem glitzernden Gletscher in den blauen Himmel.

Nach einer Rast in der Hütte steigt man wieder ab, über einen nervigen Stein- und Schuttweg, zum Gletscherrand hin. Man hält jetzt direkt auf die Schafköpfe zu, es geht auf dem Gletscher wieder rauf (mehr zum Gletscher im Kapitel „Kaltes Grab für ein Projekt“). Oben angekommen, superber Blick in die Rätikon Südabstürze Richtung Salarueljoch. Der Weg führt entlang den Schafköpfen, auch im August immer wieder über Schneepassagen, zum Südwandsteig, der gänzlich auf Schweizer Gebiet liegt.

Vom Schesaplanasattel, kurz vor dem Südwandsteig, könnte man in 45 Minuten auf die Schesplana-Gipfel steigen. Wir halten uns aber rechts und befinden uns bald im Südwandsteig, der den Gipfelaufbau der Schesaplana auf Schweizer Seite umgeht. Der 1964 reaktivierte Steig ist ein fantastisches Stück Weg, aber nichts für schwache Nerven. Trittsicherheit und Schwindelfreiheit sind notwendig, denn zumindest ein drahtseilgesicherter Teilabschnitt ist wirklich „luftig“, sprich rechts von dir geht's tief, tief runter.

Der Südwandsteig trifft dann auf ca. 2.700 m auf eine Wegtafel, von wo es über gut markierte Steilstufen hinunter zur Totalphütte geht. Von der Hütte dann auf bequemerem Weg zum Lünersee und zur Bergstation der Lünerseebahn. Mit dem Bus zurück nach Brand. —

ROUTENINFOS:

Brand – Zalimtal – Oberzalimhütte – Leibersteig – Mannheimer Hütte – Brandner Gletscher – Schafköpfe – Schesaplanasattel – Südwandsteig – Totalp – Lünersee

ART: Alpiner Steig, Gletscherweg

HÖHENMETER AUFSTIEG: Brand – Oberzalimhütte ca. 800 m, Oberzalimhütte – Mannheimer Hütte ca. 800 m, gesamt ca. 1.600 m

ÜBERNACHTUNG: die Tour ist je nach individueller Gehgeschwindigkeit doch sehr lange und anstrengend, eine Übernachtung auf der Oberzalimhütte empfiehlt sich, bevor man den Leibersteig in Angriff nimmt.

DAUER/GEHZEIT: erster Tag: Brand bis Oberzalimhütte gesamt ca. 2,5 h, zweiter Tag: Oberzalimhütte,

— Am Leibersteig —

Mannheimer Hütte, Brandner Gletscher, Südwandsteig, Totalphütte, Lünersee gesamt ca. 7 h – 7,5 h.
Oberzalimhütte bis Mannheimer Hütte ca. 2,5 h – 3 h,
Mannheimer Hütte bis Totalphütte über Südwandsteig ca. 3,5 h, Totalphütte bis Lünersee ca. 1 h
ROUTENVARIANTE: von der Oberzalimhütte über den Spusagangsteig in den Nenzinger Himmel. Vom Leibersteig Verbindungssteig zum Straußsteig und von dort auf den Panüeler. Vom Schesaplanasattel auf den Schesaplana-Gipfel und über die Normalroute zur Totalphütte
AUSRÜSTUNG: gute Bergschuhe, Sonnenschutz, Kopfbedeckung, Wasser, Stöcke
AUSSICHT: Brandner Gletscher, Schesaplana, Zirmenkopf, Panüeler, Schafköpfe, Zimba, Wildberg
ERSTBESTEIGUNG: Schesaplana 1610 durch David Pappus mit Christian Barball und Claus Manall
GIPFEL: Schesaplana 2.965 m, Panüeler 2.859 m, Wildberg 2.788 m, Zirmenkopf 2.805 m
EINKEHRMÖGLICHKEIT: Oberzalimhütte (2008 modern umgebaut), Mannheimer Hütte, Totalphütte, Douglasshütte, alle im Sommer bewirtschaftet
BESTE WANDERZEIT: Juni, Juli, August, September
ÖFFENTLICH: Hin Landbus 81 Bludenz/Bahnhof nach Brand/Palüdbahn, retour Landbus 81 Lünersee Talstation nach Brand/Palüdbahn, Fahrplan: www.vmobil.at
KARTE: Vorarlberg Atlas auf http://vogis.cnv.at

LEIBERSTEIG

1903/04 vom Pettneuer Bergführer Alois Tschiderer und den Brandnern Adam Beck und Vincenz Gaßner (später lange Hüttenwirt auf der Straßburger Hütte) im Auftrag der Sektion Straßburg des DÖAV erbaut. Der Steig beginnt auf ca. 2.000 m Höhe. Die Steigung beträgt durchschnittlich 25% bei einer Wegstrecke von ca. 2,3 km bis zum Brandner Gletscher. Der Weg wurde mit einer Breite von 80 cm geplant, da er auch mit Maultieren begangen werden sollte (die Ausschreibung lautete: ein Saumweg soll gebaut werden).

—Rudolf Würth/Markus Barnay: Erschließungssteig für Schwindelfreie, in: Zwischen himmelstürmenden Gipfeln, 100 Jahre Straßburger/Mannheimer Hütte und Oberzalimhütte, Mannheim 2005, Seite 70/71.

MANNHEIMER HÜTTE

Der Bauplatz am Rande des Gletschers gehörte der Gemeinde Brand, die ihn 1903 unentgeltlich der Sektion Straßburg des DÖAV überließ. Gebaut wurde die Hütte vom Brandner Zimmermann und Bergführer Bernhard Meyer im Auftrag der Sektion Straßburg des DÖAV. Auf seiner Säge im Riedstutz/Zalimtal am Palüdbach schnitt man das Bauholz zu und lagerte es. Anschließend wurde die Hütte maßstabsgerecht aufgebaut, zerlegt und die Teile bis zum Leiberweg und dann über den Leiberweg auf den Brandner Gletscher transportiert. Die Arbeiter mussten dabei das gesamte Bauholz auf Schlitten über den Leiberweg zum Gletscherrand ziehen bzw. tragen. Meistens waren zwei Schlitten mit einer „Umlenkrolle" verbunden. Den einen belud man mit Steinen, wodurch er den anderen, mit Holz beladenen, nach oben zog. Später folgten Türrahmen, Fenster, Schindeln, Tische, Betten, ein Kochherd.

Am 14. August 1905 konnte die Straßburger/Mannheimer Hütte feierlich eröffnet und eingeweiht werden. Zum Fest spielte die Stadtkapelle Bludenz. Im August 1914 beim Beginn des Ersten Weltkriegs wurde die Hütte geschlossen. 1919, nach dem verlorenen Krieg, kam das Elsass zu Frankreich. Die Hütte wurde 1920 von der Sektion Mannheim übernommen und mehrmals umgebaut. 1926 gaben die Mannheimer eine Absichtserklärung ab, den Namen Straßburger Hütte für alle Zeiten zu erhalten und so wurde er erst 1971 in Mannheimer Hütte abgeändert.

—Rudolf Würth: Der Bau der Straßburger Hütte, in: Zwischen himmelstürmenden Gipfeln, 100 Jahre Straßburger/Mannheimer Hütte und Oberzalimhütte, Mannheim 2005, Seite 72/73/74.

—www.historisches-alpenarchiv.org

DIE MATERIALSEILBAHN

Sie führt von der Oberzalimhütte zur Mannheimer Hütte. Gebaut wurde sie 1911 vom damaligen Hüttenwirt Vincenz Gaßner, noch ohne Motor, als Pendelbahn. In die obere Gondel wurden so lange Steine eingefüllt, bis sie schwer genug war, die untere Gondel aus dem Tal nach oben zu ziehen. Unten wurden die Steine neben der Talstation ausgeleert. 1927 schließlich wur-

— Schesaplana vom Brandner Gletscher aus —

de ein dieselbetriebener Motor eingebaut und 1958 die ganze Anlage durch eine moderne Materialseilbahn ersetzt.

DER NAME PANÜELER

Panüel dürfte sich auf rätoromanisch „bagnuol" beziehen, was soviel wie „Hirschbad/ Hirschsee" bedeutet. Zösmair meint dagegen, dass die Panüel Alpe Namensgeber war und das lateinische Pinus dahintersteht, was soviel wie „Tannen- oder Föhrenwald" bedeute. Durch die Westflanke des Panüeler führt der Gspusagang und Straußsteig, einer der ersten Klettersteige in den Alpen. Im obersten Bereich ist der Straußsteig trotz Leitern und Stahlseilsicherung nur wenige Wochen im Jahr begehbar.

—Emailkorrespondenz vom 30. August 2007 mit Thomas Gamon, Historisches Gemeindearchiv Nenzing.

—Josef Zösmair: Die Bergnamen Vorarlbergs, Dornbirn 1923, Seite 10.

—Thomas Gamon (Hrsg.): Im Nenzinger Himmel, Hohenems 2000, Seite 128.

VERFLUCHT

Der Gletscher oberhalb von Brand sei früher eine prächtige Alpe gewesen. Einmal habe ein Männlein dort gebettelt, die Alpleute hatten aber ein Herz aus Stein. Eine Sennerin hat gar noch Spott mit ihm getrieben und tat ihm statt Schmalz Kuhfladen in sein Kübelchen. Nur ein Hirt und eine Sennerin hätten das Männlein freundlich behandelt. Daraufhin habe das Männlein gesagt: „Weil das Volk auf der Alp hier die Bettler verachtet und verspottet und auch sonst nichts Rechtes tut, wird die Strafe Gottes über es hereinbrechen, und verflucht wird die Alpe sein auf ewige Zeiten. Kein Würzelchen wird mehr austreiben am Stafel, kein Fleckchen mehr grünen auf ewig; drum, ihr guten Leute, flieht, so lange es noch Zeit ist." Nicht lange danach hat es eine brandkohlenschwarze Nacht gegeben, und von der Alp her hat es schrecklich getobt, und am Morgen, als die Leute auf die Alpe schauen wollen, ob etwa ein Felsen niedergegangen sei, war die Alpe durch das Schneegestöber eingeschneit, und kein Plätzchen wollte seither apern. Jene Sennerin, die den Bettler verspottet hat, geistert aber noch auf dem Gletscher.

—www.sagen.at

Die Sage bezieht sich eher auf das Gebiet der Totalp, nicht auf den heutigen Brandner Gletscher. Walther Flaig weist in diesem Zusammenhang auf den früheren Namen der Totalp hin: die Bezeichnung Plenea Poyn (Ochsenebene, Ochsenboden) lege nahe, dass die Tote Alpe früher viel grüner war und die damit verbundene Sage von einer saftigen Alpweide an diesem Ort einen wahren Kern habe.

—Walther Flaig: Das Rätikongebirge, in: Wolfgang Irtenkauf, Scesaplana, Sigmaringen 1985, Seite 15.

DER GSPUSAGANG

Eine Sage berichtet, dass die Verlobten Johann und Elisabeth aus Seewis während der Reformationszeit flüchten mussten, weil sie katholisch bleiben wollten. Sie wählten den Weg über die Berge: „(...) dann gingen beide über die Gletscher hinüber gegen den Panüler Schrofen und wollten in die Nenzinger Alpen absteigen. Das ist für Jäger ein schlechtes Gehen, für ein Mädchen aber ein fast unmögliches Ding (...)."

Unten vom Salarueler Jöchle kam ein Häuflein Männer und bog gegen die Wände des Panüler herauf, und fast zur gleichen Zeit lösten sich ober den Verfolgten Steine los und knotterten an ihren Köpfen vorbei in die Tiefe. „Dem Grat zu!", rief der Bursche und riß das Mädchen auch mit sich fort, rechts hinüber gegen die Brandner Seite. In angstvoller Hast stiegen die beiden hinunter, bis ein haushoher, fast senkrechter und glatter Felsen sie aufhielt. Johann kletterte und rutschte abwärts und hatte bald sicheren Stand, das zaghafte Mädchen aber traute sich nicht ihm nachzukommen... Da rief Lampert: „Elsbet, wirf dich in meine Arme!", und stemmte sich fest. „Heilige Muttergottes, hilf!", flehte das Mädchen erbleichend und ließ sich halb in den Lüften niedergleiten. Der Jüngling wußte nicht recht, wie er seine Braut auffing, die Ohnmächtige wie ein Kind im Arm durch die unwegsamen Felsen hinüber und hinunter trug und in einer guten Viertelstunde die Alpe Zalim erreichte.

—www.sagen.at

— Schneewächte am Leibersteig —

WEGE UND STEGE

Beim Bergwandern ist bekanntlich der Weg das eigentliche Ziel. Dabei übernimmt der Alpenverein das Anlegen, Markieren und Erhalten der Wanderwege. Auch im Rätikon. Manche Routen über die Jöcher waren schon sehr alt. Andere dagegen mussten komplett neu erschlossen werden. Beim Leiber- und Straußsteig wurden die Pfade sogar mit Dynamit aus dem Fels gesprengt.

Die Einheimischen kannten frühe Wegverbindungen gut und nutzten sie auch, besonders gepflegt wurden diese Wege aber nicht. Wozu auch? In einer Grenzbeschreibung aus dem Jahre 1612 wird bereits von Verbindungswegen übers Barthümeljoch und übers Salarueltal in den Prättigau, vom Spusagang oder von einem Weg vom Nenzinger Himmel übers Amatschonjoch nach Brand berichtet.

Erst mit der Erschließung der Bergwelt für ein breiteres Publikum entstand auch das Bedürfnis, Wege und Steige gut begehbar zu machen. Diese Aufgabe übernahm der Alpenverein.

—Guntram Jussel: Berge und Menschen – ein alpines Lesebuch, Bludenz 1995, Seite 116.

WEGWARTE

In den einzelnen Sektionen des Alpenvereins helfen Freiwillige in harter Arbeit mit, die Wege anzulegen und in Schuss zu halten. Zuständig dafür ist meist ein eigener Wegwart, der spezielle Trupps zusammenstellt. Der Vorarlberger Alpenverein betreut heute ein mehr als 630 km langes Wegenetz.

—Guntram Jussel: Berge und Menschen – ein alpines Lesebuch, Bludenz 1995, Seite 118.

STRAUSSSTEIG, DER SAGENHAFTE WEG

Der untere Teil des heutigen Straußsteigs am Panüeler (Spusagang) wurde der Sage nach von Johannes Lampert und Elisabeth Sentin von Seewis zum ersten Mal begangen, als sie auf der Flucht waren (mehr dazu im Kapitel „Brandner Gletscher"). Dem Vogteiverwalter David Pappus war der Spusagang schon um 1608/1618 bekannt. Er bezeichnet ihn als „ainen fueßsteig in Brann (nach Brand) genant der Spoßagang, ist aber sehr gefährlich zuesteigen." An den oberen Teil des Weges traute man sich jedoch lange Zeit nicht heran.

Es sind eigentlich zwei Steige durch die Felswand des Panüelers. Der untere Teil wird Spusagang genannt, der obere Straußsteig. 1887 entschloss sich die Sektion Nenzing, auf Anregung von Dr. Wilhelm Strauß (Sektion Konstanz des DÖAV), zum Bau einer Weganlage durch den Fels. Die Arbeit übernahmen die Nenzinger Brüder Christian und Martin Küng. Christian war Bergführer, verdiente sich aber sein Geld eher mit dem Bau von Wegen. Der Straußsteig machte seinen Namen schlagartig berühmt. Man holte ihn nun von überall her für Steiganlagen (z.B. Braunarlspitze, Drei-Schwestern-Steig).

Am 21. August 1890 wurde der Straußsteig zum ersten Mal von fünf Touristen begangen. Der neue Steig war einer der ersten in den Alpen und beim Bau wurden bereits Eisenseile, Eisenklammern und –stifte, künstliche Felsstufen und sogar eine 4 m lange Eisenleiter verwendet. Das Vorarlberger Volksblatt meldete: „Der neue Weg ist von der Art, dass er unter den sieben Weltwundern des Landes einen Platz und zwar keineswegs den letzten einnimmt." Die Sage vom flüchtigen Schweizer Paar hat die Richtung angegeben und so zieht sich der Straußsteig vom Spusagang hinauf zum Panüelerkopf.

—Karl Gamon: Alpinismus in Nenzing, Feldkirch 1987, Seite 28 - 35.

—Thomas Gamon: Klettersteig mit Folgewirkung. Straußsteig und Spusagang am Panüeler, in: Zwischen himmelstürmenden Gipfeln, 100 Jahre Straßburger/Mannheimer Hütte und Oberzalimhütte 1905 - 2005, Mannheim 2005, Seite 44.

—Emailkorrespondenz mit Thomas Gamon, Marktgemeindearchiv Nenzing, vom 23. März 2009.

—Wolfgang Irtenkauf: Scesaplana, Sigmaringen 1985, Seite 15.

LEIBERSTEIG

Er führt von der Oberzalim-Hütte durch die Nordflanke zwischen Panüeler und Wildberg direkt auf den Brandner Gletscher. Benannt ist er nach dem ersten Vorsitzenden der Sektion Straßburg, Rechtsanwalt Leiber, der sich um die Straßburgerhütte (die spätere Mannheimer Hütte) verdient gemacht hat. 1903 beginnt man mit den Arbeiten, 1904 wird der Steig eröffnet. Mehr dazu im Kapitel „Brandner Gletscher."

—Guntram Jussel: Berge und Menschen – ein alpines Lesebuch, Bludenz 1995, Seite 123.

SÜDWANDSTEIG

Eine Verbindung von der Totalphütte zur Mannheimer Hütte, ohne dass man über die Schesaplana muss. Er führt an der Südflanke der Schesaplana vorbei direkt auf den Brandner Gletscher. Der Weg wurde von Rudolf Kopetschke/Vandans, einem pensionierten Zollwachebeamten, quasi wiederentdeckt. Anfang der 60iger Jahre fand er dort einen Steinmann und eine alte Markierung und erkundigte sich darüber bei seinen Schweizer Kollegen. Die Schweizer Grenzwache hatte anscheinend während des Zweiten Weltkriegs den Weg benutzt, da er zur Gänze auf Schweizer Gebiet lag. Nach dem Krieg ist er in Vergessenheit geraten. Zusammen mit dem damaligen Wirt der Totalphütte, Artur Vonier, und freiwilligen Helfern, räumte Kopetschke den Steig mühsam von Fels und Geröll und brachte Seilsicherungen an, damit er begehbar wurde. Der Südwandsteig konnte dann 1964 eröffnet werden.

—Info-Gespräch mit Totalphüttenwirt Helmut Gasser vom 1. Juli 2007 über den Südwandsteig.

—Emailkorrespondenz mit Wendelin Tschugmell vom 5. Juli 2007 über die Entstehung.

SAULAKOPFSTEIG

Führt vom Saulajoch in Serpentinen bis zum Fuß des Saulakopf-Gipfels und von dort mit Seilsicherungen bis zum Gipfel. Der Steig wurde von Wendelin Tschugmell, Bergführer und Hüttenwirt der Heinrich Hueterhütte, initiiert.

ZWÖLFERSTEIG

Führt von der Sarottlahütte steil hinauf in die Felsbarrieren des Zwölferkopfs und trifft sich auf den nördlichen Hängen wieder mit dem Weg vom Eisernen Törle zur Nonnenalpe. Einsamste Landschaft für einsame Jochwanderer.

DREI-SCHWESTERN-STEIG

Gebaut wurde der vielbegangene Steig von Christian Küng in der Amtsperiode von Heinrich Hueter, dem vierten Obmann der Alpenvereinssektion Vorarlberg (bekannt als der Alpenvereins-Hueter). Mit dem 1898 eröffneten südlichen Zugang über den Fürstensteig, dem Verbindungsstück von den Drei Schwestern bis zur Kuhgratspitze und dem Übergang Kuhgratspitze – Garselli, wurde ein Höhenweg geschaffen, den Günther und Walther Flaig als eine der „schönsten alpinen Steiganlagen" im Rätikon bezeichnen.

HOHE-KÖPFE-STEIG

Führt von der Gurtisspitze über Spitzwiesile in die selten begangene Gegend der Hohen Köpfe. Von dort kann man weiter zur Galina- oder weiter zur Sattelalpe wandern. Mit dem Bau wurde 1969 begonnen.

—Guntram Jussel: Berge und Menschen – ein alpines Lesebuch, Bludenz 1995, Seite 125 bis 126.

AUF DEM GIPFEL EIN KREUZ

Beim Aufstieg zum Amatschonjoch fragte mich einmal ein Bekannter aus Brasilien, auf den Fundelkopf weisend, wer denn dort oben begraben sei? Niemand, sagte ich, das sei nur ein Gipfelkreuz. Historisch wurden einerseits Alm- und Gemeindegrenzen mit Kreuzen gekennzeichnet, andrerseits ersuchte man mit Hilfe des Kreuzes um Schutz vor Sturm- und Gewitterdämonen für Höfe, Vieh und Felder. So wurden die Kreuze dann auch auf den Gipfeln, von wo die Unwetter kamen, aufgestellt.

— Sulzfluh Gipfelkreuz —

DIE MALEREI „ERFAND" DAS GIPFELKREUZ

Caspar David Friedrich, der als einer der ersten Maler Gipfelkreuze als Motiv in der Malerei einführte, löste einen wahren Trend aus, Gipfelkreuze zu errichten. In unserer Region hat der bedeutende Vorarlberger Landschaftsmaler Karl Heine, der in Gampelün bei Frastanz lebte, viele Rätikonmotive gemalt; einige davon auch mit Alpkreuzen. Seine Motive kreisen um Landschaften aus dem Walgau, dem Montafon und der Bodenseeregion. Heines Bilder hängen auch heute noch in verschiedenen öffentlichen Ämtern, in Unternehmen oder Privathäusern.

Vor dem Zweiten Weltkrieg konnte es auch bei uns schon mal vorkommen, dass ein Gipfelkreuz ein klares politisches Statement war. So geschehen mit dem 1936 von der katholischen Reichsbundjugend aufgestellten Gipfelkreuz auf dem Piz Buin, das als Sühnekreuz für den Spanischen Bürgerkrieg gedacht war („für all die Opfer, das Leiden und Bluten unserer Glaubensbrüder im fernen Lande").

Die klassischen Gipfelkreuze gibt es in Vorarlberg aber erst nach dem Zweiten Weltkrieg. Manche Kreuze wurden als Besitzzeichen aufgestellt, frei nach dem Motto „der Berg gehört uns". Sofort regten sich natürlich auch kritische Gegenstimmen, die fragten, was denn ein Kreuz in der unverfälschten Natur überhaupt zu suchen habe. Rechtlich gesehen sind Gipfelkreuze im Alpenraum sogar ein Phänomen: sie werden meistens ohne Baubewilligung errichtet. Trotzdem wurden auch bei uns Gipfelkreuze regelrecht in die Landschaft gepflastert. Auf Nenzinger Gebiet sind heute (2009) zum Beispiel nur noch drei Plätze für ein Gipfelkreuz frei: Windeggaspitz, Blankus und Oberzalimkopf!

—Gipfelkreuze – Wetterkreuze ihre Entstehung, Entwicklung, Geschichte und Bedeutung, auf: www.alpiticus.de

—Bernhard Tschofen: Berg, Kultur, Moderne. Volkskundliches aus den Alpen. Wien 1999, Seite 71.

—Emailkorrespondenz mit Thomas Gamon, Marktgemeindearchiv Nenzing, vom 23. März 2009.

DAS KREUZ MIT DEM KREUZ

Karl Gamon berichtet vom Aufstellen des Gipfelkreuzes auf dem Panüeler (2.859 m), dem zweithöchsten Berg im Rätikon: 1966 beschloss man, ein Kreuz mit den gigantischen Maßen 8 m hoch und 4 m breit auf dem Gipfel zu errichten – man sollte das Kreuz auch vom Tal aus sehen können. Insgesamt arbeiteten 49 Personen an die 155 Tage bis zur Fertigstellung des Kreuzes.

Die Baumaterialien wurden mit Traktor und Jeep zur Oberzalimhütte gebracht und von dort mit der Materialseilbahn zur Mannheimer Hütte befördert. Mit einem Hornerschlitten zog man dann Sand, Zement, Eisenplatten, Schrauben, Werkzeuge, Eisenseile und Holzbalken über den Brander Gletscher und trug schließlich alles über den Hang zum Gipfel hinauf. Materialgewicht insgesamt: über fünf Tonnen!

—Karl Gamon: Alpinismus in Nenzing, Feldkirch 1987, Seite 60.

—Emailkorrespondenz mit Thomas Gamon, Marktgemeindearchiv Nenzing, vom 4. Juni 2007.

Übrigens: die Tradition der Gipfelbücher geht auf die frühen englischen Alpinisten zurück. Sie hinterließen Visitenkarten in Flaschen auf dem Gipfel. Die nächsten Bergsteiger konnten diese Visitenkarte dann durch ihre eigene austauschen und Kontakt mit dem Vorgänger aufnehmen. John Sholto Douglass nahm auf seiner Zimbabesteigung 1863 ein Album mit, das er in eine Blechbüchse gab (mehr dazu im Kapitel „Erzähltes und Erzählbares"). Eigentliche Gipfelbücher, wie wir sie heute kennen, gibt es bei uns erst ab ca. 1910.

—Gipfelbücher, auf: www.alpiticus.de

SCHESAPLANA

KÖNIGIN: LÜNERSEE – TOTALP – SCHESAPLANA 2.965 m – TOTALP – LÜNERSEE

SCHESAPLANA

DIE ROUTE

Im Flaig Führer von 1966 deklamiert Otto Ampferer über die Königin des Rätikons: „Die grünen, niedrigen Höhen des Prättigaus knien wie Andächtige vor ihrem Hochaltare. Oben aber liegen in Felsbechern das graue Eis des Brandner Ferners und das Blauwasser des Lüner Sees als himmlische Geschenke für die Wanderer bereit." Ampferer pokert da sprachlich ziemlich hoch. Fakt ist: die Schesplana ist der höchste Gipfel im Rätikon (deshalb die Königin). Fakt ist aber auch: an einem schönen Sommertag pilgern wahre Massen dort hinauf.

Die Wanderung beginnt am rechten Lünerseeufer, von dem man bald rechts abzweigt Richtung Totalphütte. Der Aufstieg ist zum Teil recht steil, aber landschaftlich sehr reizvoll, weil man den Blick immer wieder über die azurblauen Wasser des Lünersees schweifen lassen kann. Auf der Totalphütte kurze Rast mit Aussicht hinüber zu den kühnen Kirchlispitzen. Nach der Hütte beginnen die Steine und Felsen. Es geht zuerst leicht bergauf und nach einer kurzen, schrofigen Felsstufe steil weiter, zum Teil auf einem Pfad, zum Teil wieder durch Felsstufen. Weiter oben gibt's eine Abzweigung in den geheimnisvollen Südwandsteig, der an der Südflanke der Schesaplana vorbei direkt auf den Brandner Gletscher und zur Mannheimer Hütte führt (mehr dazu im Kapitel „Brandner Gletscher").

Ab der Richtungstafel Südwandsteig geht es zuerst ein paar Serpentinen hinauf, dann folgt eine reizvolle, mit Drahtseilen gesicherte Felspassage, der sogenannte Kamin. Man kommt nun in eine hufeisenförmige Hochmulde in der oft bis in den Mittsommer noch Firnschnee liegt. Von hier aus sieht man bereits den Gipfelgrat zur Schesaplana, den man aber auf dem Weg zur Spitze überschreitet, das Gipfelkreuz selbst ist noch verdeckt. Der Weg geht rechts an der Hochmulde hinauf und mündet in natürliche, schräg in einem Bogen nach links aufsteigende Felsenrinnen, eine bumerangförmige Felsenschichtung. Das ist quasi auch das Nadelöhr des Schesaplanasteigs, weil sich hier immer alle auf die Füße treten, wenn viele Wanderer unterwegs sind (Gegenverkehr). Von hier ist es nicht mehr weit bis zum Gipfel, wo sich meistens eine Menge Leute tummelt. Mit fast 3.000 m hat die Königin des Rätikons eben ein Image zu verteidigen. Eines aber ist sicher: der Rundumblick ist fantastisch! Oder um mit dem Prättigauer Pfarrer Nicolin Sererhard zu sprechen: „Der Prospect an diesem Orte ist etwas Admirables!" Der Rückweg führt dann wieder über die Totalp und von dort zurück zum Lünersee.

MANNHEIMER HÜTTE

Lohnender Abstecher über den Gletscher zur Mannheimer Hütte. Vom Schesaplana Gipfel über die SW-Flanke zum Schesaplanasattel. Dann den Schafköpfen entlang (der alte und kürzere direkte Weg zur Hütte ist gesperrt) bis zur Wegtafel Mannheimer Hütte. Nun über den Gletscher bis zur Hütte. Zurück auf demselben Weg oder über den Südwandsteig (mehr dazu im Kapitel „Wege und Stege"). —

ROUTENINFOS:

Lünersee Bergstation – Totalphütte – Schesaplana – Totalphütte – Lünersee Bergstation

ART: Wanderweg, Steig, zur Mannheimer Hütte Gletscherweg

HÖHENMETER AUFSTIEG: ca. 1000 m

DAUER/GEHZEIT: Gesamt ca. 5 h – 6 h, Lünersee-Totalp ca. 1,5 h, Totalp-Schesaplana ca. 2,5 h, Schesaplana-Lünersee ca. 2 h, Variante zur Mannheimer Hütte: vom Schesaplana-Gipfel ca. 1,5 h – 2 h, von der Mannheimer Hütte über den Südwandsteig zur Totalphütte ca. 2h – 2,5 h

ROUTENVARIANTE: Schesaplana Gipfel – Schesaplanasattel – Schafköpfe – Brandner Gletscher – Mannheimer Hütte und retour (oder über den Südwandsteig zurück)

AUSRÜSTUNG: gute Bergschuhe, Wanderstöcke, Sonnenschutz, Kopfbedeckung, Wasser

AUSSICHT: Brandner Gletscher, Schafköpfe, Zirmenkopf, Salaruelkopf, Wildberg, Panüeler, Totalpköpfe, Kirchlispitzen, Drusenfluh, Sulzfluh, Zimba, Rote Wand, Silvretta, Verwall, Ötztaler, Berninagruppe, Glarner Alpen, Churfirsten, Bündner Alpen, Appenzeller Alpen

ERSTBESTEIGUNG: Vogteiverwalter David Pappus

— Drahtseil am Kamin —

mit Christian Barball und Claus Manall am 24. August 1610, weitere frühe Besteigungen: Pfarrer Nicolin Sererhard von Seewis übers Schafloch um 1730, Baron von Sternbach mit dem Brandner Jäger Josef Sugg über die Totalp-Route 1790
EINKEHRMÖGLICHKEIT: Douglasshütte, bewirtschaftet von Ende Mai bis Anfang Oktober, Totalphütte, bewirtschaftet von Ende Mai bis Anfang Oktober
BESTE WANDERZEIT: Juni, Juli, August, September
ÖFFENTLICH: Landbus 81 von Bludenz Bahnhof nach Brand Lünerseebahn, Fahrplan: www.vmobil.at
KARTE: Vorarlberg Atlas auf http://vogis.cnv.at

DER GIPFEL

Die Schesaplana ist mit 2.965 m der höchste Gipfel im Rätikon. Sie wurde bereits 1610 vom Vogteiverwalter David Pappus zusammen mit den beiden Montafoner „Schützen" (Jäger) Christian Barball und Claus Manall erstbestiegen. Das war eine der frühesten belegten Gipfelbesteigungen überhaupt. Der Weg von der Douglasshütte über die Totalp auf die Schesaplana wurde von der Sektion Vorarlberg bereits im Jahre 1888 angelegt.

—Toni Hiebeler: Meine Heimatberge, in: Berge, Nr. 4, Bern 1983, Seite 35.

—Hans Nägele: Zum fünfzigjährigen Bestande des Deutschen und Österreichischen Alpenvereins, in: Feierabend, Wochenbeilage zum Vorarlberger Tagblatt, 1920, Jg. 2, Seite 29 bis 33.

DAS GIPFELKREUZ

Das Kreuz auf der Schesaplana wurde am 4. September 1959 eingeweiht. Es war damals 9,5 m hoch und galt lange Zeit als das höchste Gipfelkreuz aller Dreitausender in den Alpen. 1971 durch Blitzschlag schwer beschädigt, wurde es 1973 wieder repariert. Die Initiative für das Kreuz ging von der Katholischen Jugend Hörbranz aus. Die Einzelteile wurden mühsam von Brand nach Oberzalim, dann zur Mannheimer Hütte gebracht und von dort über den Brandner Gletscher zum Schesaplanagipfel getragen und aufgestellt. Die Inschrift lautet: „Du bist der Herr aller Berge und König der Gipfel."

—B. T.: 50 Jahre Gipfelkreuz auf der Schesaplana (2.976 m), in: Hörbranz aktiv Sept. 1999, Nr. 110, Seite 40/41.

DER NAME SCHESAPLANA

Walther und Günther Flaig lehnen die Gelehrtenbezeichnung „Scesaplana" ab. Ursprünglicher sei schon Nicolin Sererhards „Schaschaplana". Laut Zösmair würden die Brandner als nächste Nachbarn von „Sessaplana" sprechen. Der rätoromanische Ursprung des Namens sei: sassa plana, was soviel wie „ebener Stein oder „Ebenstein" bedeutet und auf das markant abgeplattete Felsmassiv hindeute (von Prättigauer Seite aus gesehen).

—Walther und Günther Flaig: Rätikon, München 1966, Seite 206.

—Josef Zösmair: Die Bergnamen Vorarlbergs, Dornbirn 1923, Seite 31/32.

DIE BERGREIS

Um 1730 bestieg der Prättigauer protestantische Pfarrer Nicolin Sererhard die Schesaplana. Sein Bericht, die „Schaschaplana Bergreis", ist eines der ältesten Dokumente aus der Erschließungsgeschichte der Ostalpen. Sererhard maß dabei Entfernungen noch in Büchsenschüssen.

Über den Brandner Gletscher schreibt er: „Wir marschierten weiterhin über den entsetzlich großen Gletscher und betrachteten auch mit Verwunderung die ungeheueren Gletscher-Spält." Und endlich auf dem Gipfel: „Der Prospect an diesem Orte ist etwas Admirables. (…) Man siehet so weit als es das Auge zu ertragen mag, nichts als Bergen und Bergen, eine unglaubliche Weite rings umher (…)."

In seinem Bericht stellt er auch eine frühe Theorie zur Entstehung der Gletscher auf. Er meint, die Gletscher hätten sicherlich einen vom weisen Schöpfer definierten, hohen Nutzen: „Hat doch ein nasser Blez oder ins Wasser gedungter Lumpen, seinen besonderen Nutzen wenn man ihn auf den Kopf oder Deckel eines Destillir-Hafens leget, zur Temperirung und Correction."

Gletscher würden also, indem sie wie ein großer „Blez" wirken, verhindern, dass die mineralische Wärme aus dem Inneren der Berge entweicht. Weiters seien Gletscher für die Wasseransammlung in Bergen verantwortlich und sorgten für gutes und frisches Wasser. Und schließlich würden Gletscher in heißen

— Schesaplana Gipfel 2.965 m —

— Schneefeld auf dem Schesaplanaweg —

Sommern auch dazu beitragen, dass es reine, frische und feuchte Luft gebe, die für das Wachstum der Natur wichtig sei.

—Nikolaus Sererhard: Meine Schaschaplana-Bergreis, in: Vorarlberg, eine Vierteljahreszeitschrift, 7. Jg., Heft 3, 1969, Seite 22-26.

—Bernhard Tschofen: Der Modellfall Schesaplana, in: Zwischen himmelstürmenden Gipfeln, 100 Jahre Straßburger/Mannheimer Hütte und Oberzalimhütte 1905 – 2005, Mannheim 2005, Seite 33.

SCHESAPLANASTOCK

Das Schesaplana Gelände steht unter Naturschutz. Im Vorarlberger Biotopinventar wird darauf hingewiesen, dass es sich um ein Gebiet von weitgehender Ursprünglichkeit handelt. Auf den Alpen Sonnen- und Schattenlagant hat die alpwirtschaftliche Nutzung stark abgenommen. Die touristische Beeinflussung des Gebietes ist von den Wanderwegen aus gering, da die Touristen in der Regel gerade hier die Wege im meist steilen Gelände nicht verlassen. Die Autostraße zur Lünerseebahn bewirkt vorwiegend eine akustische Störung, die sich aber auf die Natur selbst kaum auswirkt. Am besten wäre es überhaupt, das Gebiet sich selbst zu überlassen.

—Vorarlberger Biotopinventar 84/89, Seite 52, 53.

KALTES GRAB FÜR EIN PROJEKT

Wo es (eventuell) was zu verdienen gibt, sind Investoren zur Stelle. Aus dem Brandner Gletscher wollte eine einheimische Tourismus-Gruppe in den 1970er Jahren ein Skigebiet machen. Bergbahn, Lifte und Abfahrten waren geplant. Das Projekt polarisierte und: scheiterte. Der Gletscher überlebte.

RETTET DIE SCHESAPLANA!

Mit dem dramatischen Appell „Rettet die Schesaplana, Aufruf zur Europäischen Aktion zur Rettung des Brandner Ferners", gingen die Initiatoren der Plattform 1980 an die Öffentlichkeit: „Wieder einmal ist ein Kleinod unserer Alpen in hoher Gefahr, ausgelöscht zu werden: Es geht um die Schesaplana, die höchste Erhebung der Rätikongruppe! (...) Ohne Rücksicht auf die Proteste (...) versucht eine kleine Clique kalt rechnender Tourismusmanager mit allen Ränken, das Projekt Schesaplana-Erschließung durchzusetzen."

Die Vorgeschichte: 1972 machten sich einige heimische Touristiker für die Erschließung des Brandner Gletschers stark. Eine 2,6 km lange Pendelseilbahn, eine Doppelsesselbahn, drei Schlepplifte und entsprechende Abfahrten sollten den Sommertourismus beleben. Die Lifte sollten auf den Panüelerkopf, die Schesaplana, den Schaf- und Zirmenkopf führen. 1978 sickerte durch, dass die Pfänderbahn AG aus Bregenz bereit sei, 29 Millionen Schilling (ca. 2,3 Mio. Euro) in das Projekt zu investieren. Aber auch die Gemeinde Brand selbst setzte sich für eine Nutzung ein.

SKIFAHREN AM FUSSE DER SCHESAPLANA?

Das Projekt rief Gegner auf den Plan. Zunächst waren es die österreichischen Natur- und Bergsteigerverbände, bald folgten Deutsche, Schweizerische und Liechtensteiner Vereine. In Brand entstanden zwei Gruppen, die sich bitter befetzten und das Dorf spalteten. Unterschriftenaktionen im ganzen Land wurden gestartet und sogar die europaweite Aktionsplattform „Rettet die Schesaplana" gegründet. „Kalter Krieg" herrschte auch zwischen der Sektion Mannheim (Mannheimer Hütte) und den Befürwortern des Gletscherprojekts in Brand, weil sich die Sektion auf die Seite der Natur- und Umweltschützer gestellt hatte. Der Deutsche Alpenverein sammelte sogar 14.000 Protestunterschriften.

Mehr und mehr Menschen kritisierten die geplante Gletschererschließung. Das definitive Aus kam durch ein negatives Gutachten des Österreichischen Instituts für Raumplanung in Wien im Jahr 1983. Daraufhin änderte der Vorarlberger Landtag das Landschaftsschutzgesetz. Heute sind die Gletscher in Vorarlberg grundsätzlich geschützt. Im Vorarlberger Gesetz über Naturschutz und Landschaftsentwicklung heißt es dazu: „Im Bereich von Gletschern und ihrer Einzugsgebiete ist jegliche Veränderung von Natur oder Landschaft verboten. Davon ausgenommen ist die Erhaltung bestehender Anlagen."

Anzumerken wäre noch, dass Jahre später doch noch ein Lift auf dem Brandner Gletscher installiert wurde: es handelt sich dabei allerdings nur um einen kleinen Seillift für das Sommer-Skitraining von Rennläufern. Initiiert wurde er vom Skiverein Bludenz/ Brandnertal. Er führte auf den Südgrat des Gletschers. Die Skiläufer, die damit trainierten wollten, mussten vorher aber mühsam über den Leibersteig auf den Gletscher aufsteigen. Der kleine Lift, der eigentlich ohne Genehmigung gebaut wurde, stand jedoch nicht sehr lange und wurde bald wieder abgebrochen. Anscheinend sieht man heute noch Reste davon.

— Brandner Gletscher —

—Klaus Gerosa: Rettet die Schesaplana, in: Der Bergsteiger, Jg. 47, 1980, Nr. 11, Seite 28 ff.
—Markus Barnay: Wem gehören die Berge, in: Zwischen himmelstürmenden Gipfeln, 100 Jahre Straßburger/ Mannheimer Hütte und Oberzalimhütte, Mannheim 2005, Seite 107.
—Infogespräch mit Günther Flaig, Brand, vom 17. Mai 2008.
—Vorarlberger Gesetz über Naturschutz und Landschaftsentwicklung, 1997, § 23.

DER BRANDNER GLETSCHER

Der Vogteiverwalter David Pappus, der 1610 zum ersten Mal die Schesaplana bestieg, benennt ihn in seinem Urbar (Verzeichnis über Besitzrechte eines Grundherrn) als den „groß Gletscher (…) zue hinderist in Brann". Noch um 1900 holte man von der Gletscherzunge über Sonnenlagant/Brand Eis mit Fuhrwerkskarren für die Brauerei in Bludenz. Doch der Gletscher ging kontinuierlich zurück. 1969 hatte er noch zwei Quadratkilometer Fläche und eine Eismächtigkeit von ca. 20 – 25 m (gemessen 1955). Die durchschnittliche Hangneigung beträgt 8 Grad, der Gletscher ist also eher als flach zu bezeichnen. Höchster Punkt ist 2.800 m. Beobachtungen ergaben, dass der Brandner Gletscher häufig überhaupt keinen Altschnee übersommert. In Summe ist der Brandner Gletscher für den Sommerskilauf nicht geeignet. Sicher ist, dass er infolge der Klimaveränderung schwindet. Von 1990 bis 2003 hat der Gletscher 20 Meter an Mächtigkeit verloren (Illwerke Messung) und es ist anzunehmen, dass der Gletscher in absehbarer Zeit verschwunden sein wird. Übrigens, es heißt Brandner Gletscher, nicht Brandner Ferner, denn, wie Walther Flaig schreibt, dieses Wort sei im Alemannischen nicht üblich und sei durch gebietsfremde Militärtopographen eingeführt worden. Noch ein Detail am Rande: während des Zweiten Weltkriegs absolvierten Deutsche Soldaten auf dem Gletscher eine Winterausbildung für ihre Einsätze in Russland.

—Günther Groß: Der Brandner Gletscher, in: Der Bergsteiger, Jg. 47, 1980, Nr. 11, Seite 31.
—Walther Flaig: Das Rätikongebirge, in: Wolfgang Irtenkauf, Scesaplana, Sigmaringen 1985, Seite 15.
—Peter Strasser: Kampf um den Gletscher, in: Zwischen himmelstürmenden Gipfeln, 100 Jahre Straßburger/ Mannheimer Hütte und Oberzalimhütte 1905 – 2005, Mannheim 2005, Seite 49.
—Ulrich Schlieper: Hat der Alpinismus Zukunft?, in: Zwischen himmelstürmenden Gipfeln, 100 Jahre Straßburger/Mannheimer Hütte und Oberzalimhütte, Mannheim 2005, Seite 137.
—Michael Kasper: Durchgang ist hier strengstens verboten. Die Grenze zwischen Montafon und Prättigau in der NS-Zeit 1938-1945, Seite 88, in: Edith Hessenberger: Grenzüberschreitungen, von Schmugglern, Schleppern, Flüchtlingen, Schruns 2008.

VIKTOR SOHM UND DER WEISSE RAUSCH

Es waren die Bergsteiger, die den Skilauf in die Winterberge einführten. 1900 tauchten erstmals Skitouren in den Sektionsjahresberichten auf. 1909 wurden die ersten Winterräume auf diversen Hütten ausgebaut. Der Ski-Pionier und Alpinist Viktor Sohm (1869 - 1960) war einer der frühesten Skifahrer der damaligen Monarchie überhaupt. Ein Skipionier.

MIT SKIERN AUF DIE SCHESAPLANA

Sohm bestieg gemeinsam mit seinen Freunden Josef Ostler und Hermann Hartmann am 1. Januar 1900 erstmals mit Skiern die Schesaplana. 1902 folgte die Wintererstbegehung der Valluga, 1903 die auf die Sulzfluh.

Sohm war einer der Initiatoren des Skisports in Mitteleuropa und als eigentlicher Begründer der „Arlberg-Technik“ (er führte die Norweger-Schule mit Doppelstock am Arlberg ein, weiters die Telemark- und Christiania-Technik) auch Lehrer von Hannes Schneider, der später selbst weltbekannt wurde.

Sohm galt als einer der bedeutendsten Skiläufer seiner Zeit in Österreich. Seine skiläuferische Karriere begann in Bregenz am Gebhardsberg: im Winter 1886/87 befuhr er dort als 18jähriger zum ersten Mal mit 2,5 m langen Schnabelskiern die Hänge.

Er war auch an der Erschließung mehrerer Wintersportgebiete in Vorarlberg maßgeblich beteiligt. Am Arlberg oder in Gargellen gab er Skikurse. Sohm hatte auch eine eigene Skiwerkstätte in Bregenz und sorgte für wichtige technische Entwicklungen, u. a. die Sohm Skiwachse, die in ganz Europa geschätzt wurden, oder etwa die Sohm-Klebefelle für Skitouren.

Sohm wurde laut Walther Flaig am 19.6. 1869 in Dornbirn geboren, laut Guntram Jussel aber in Trogen im Appenzell.

HINTER UNS DIE FAHNEN AUS SILBERSTAUB

Das neue große Abenteuer nach dem ersten Weltkrieg hieß: Skitouren. Die frühen Tourengeher hatten billige, fellbespannte Eschenski mit Bilgeribindung (benannt nach dem Bregenzer Skipionier Oberst Georg Bilgeri), schwere Rucksäcke, steife Windjacken und die unvermeidlichen Wickelgamaschen.

Sie nahmen stundenlange Aufstiege in Kauf, schliefen manchmal in eiskalten Maisäßhütten und beherrschten alle Telemark und Christiania. Ihr Lohn: nach einem Aufstieg hinabzusausen durch unberührte Weiten, hinter ihnen die Fahnen aus Silberstaub.

In Brand dürften Sepp Zweigelt/Dornbirn und Ferdinand Schallert/Bludenz ab 1902 die ersten Skitouristen gewesen sein, die fast alle Skiziele des Gebietes erstmals mit Skiern befuhren.

—Walther Flaig: Der Skipionier Viktor Sohm, in: Vorarlberg, eine Vierteljahreszeitschrift, 7. Jg., Heft 4, 1969, Seite 25 und 26.
—Andreas Brugger: Vom Pioniergeist zum Massensport. 100 Jahre Skisport im Montafon, Schruns 2006, Seite 40 und 41.
—Hermine Flaig: Von den Anfängen der Touristik, in: Montafoner Heimatbuch, Schruns 1974, Seite 366.
—Walther Flaig: Das Rätikongebirge, in: Wolfgang Irtenkauf, Scesaplana: Faszinierende Bergwelt des Rätikon zwischen Vorarlberg, Liechtenstein und Graubünden, Sigmaringen 1985, Seite 21.
—Guntram Jussel: Berge und Menschen – ein alpines Lesebuch, Bludenz 1995, Seite 150.

EISERNES TÖRLE

VERGESSENES PARADIES: BRAND – SAROTLAHÜTTE 1.645 m – EISERNES TÖRLE 2.300 m – SAROTLAHÜTTE – BRAND

EISERNES TÖRLE

DIE ROUTE

Nach der Dorfeinfahrt von Brand beginnt die Tour mit einem Abstieg zum Alvierbach. Auf der ehemaligen Ersatzstraße geht es entlang des alpinen Golfplatzes bis zu den Gebäuden des „Kloster Maiensäß". Von hier aus rechts halten, zuerst relativ steil aufwärts. Bald wird der wilde Sarotlabach überquert. Nach einem leichten Aufstieg erreicht man eine Schulter, wo sich das „vergessene" Sarotlatal in einem prächtigen Panorama öffnet. Paradise lost and regained! Aber es lauert auch Gefahr in diesem Paradies: eine am Wegrand angebrachte Gedenktafel erinnert an die Tragödie von 1830, als ein Vater und zwei seiner Söhne im Sarotlatal von einer Lawine begraben und getötet wurden.

Die Wanderung geht relativ flach weiter bis zu einem schweißtreibenden Steilanstieg neben einem rauschenden Wasserfall. Im Hintergrund die Zimba (2.643 m), die sich kühn in den Himmel streckt. Erstbesteigung durch den Bludenzer Brunnenmacher Anton Neyer 1848 im Alleingang (heute erinnert noch die Neyerscharte an ihn). Zu den fließenden Stufen des Wasserfalls, der seine Fracht in quirligen Silberfäden rasant zu Tale schickt, leuchten die roten Früchte der Eberesche auf kräftigem Grün.

Jetzt folgt ein Serpentinenweg mit Sicht auf hoch positionierte, dichte Latschengürtel und unzugängliche, schroffe Felsformationen. Am Ende der Serpentinen, auf der letzten Talstufe, zeigt sich dann bereits die Sarotlahütte, die sich – in eine Mulde geschmiegt – unter die wilden Felstürme der Zimbagruppe duckt. Retour geht's auf demselben Weg nach Brand oder als Variante noch aufs Eiserne Törle und dann erst zurück.

EISERNES TÖRLE

Von der Sarotlahütte steil aufwärts durch einen anstrengenden Latschenhang. Dann weiter auf einer Steilstufe, über die das Zimbawasser aus rund 2.000 m Höhe rinnt. Gute Gelegenheit für einen Schluck frischen, klaren Quellwassers. Jetzt folgt eine bequeme horizontale Passage, die ins Steintäli unterhalb der Nordostwände der Zimba hinein führt.

Es öffnet sich ein gigantischer Kessel, dominiert vom hellen Grün der kurz stehenden Bergwiesen und vom monochromen Grau der Steine. Gottvaterspitze, Großer Valkastiel und Zimba bilden den mächtigen Rahmen. Man hält sich jetzt links (rechts liegt das Steintäli am Fuße der Zimba). Nun wird's nochmals steil, es geht in Serpentinen hinauf und nach einem kleinen Hochplateau folgt abschließend ein letzter kurzer Stich, dann steht man in der geheimnisvollen Lücke aus Fels: dem Eiserne Törle zwischen Gottvaterpitze und Großem Valkastiel auf 2.300 m.

Der Sage nach soll es nach einem Streit von Bergknappen mit einem Tor verschlossen worden sein. Da fällt mir doch gleich „Herr der Ringe" ein: der Weg ist versperrt! Hier am Törle ist der Übergang nach drüben natürlich frei.

Zurück zur Sarotlahütte und durch das Sarotlatal nach Brand. —

ROUTENINFOS:

Brand – Sarotlahütte, Sarotlahütte – Eisernes Törle, Eisernes Törle – Sarotlahütte, Sarotlahütte – Brand

ART: Wanderweg bis Sarotlahütte, bis zum Eisernen Törle blau markierter Steig

HÖHENMETER AUFSTIEG: von Brand zur Sarotlahütte ca. 630 m, von der Sarotlahütte aufs Eiserne Törle ca. 650 m, zusammen ca. 1.300 Höhenmeter

DAUER/GEHZEIT: gesamt ca. 7 h – 7,5 h, von Brand bis zur Sarotlahütte ca. 2 h, retour ca. 1,5 h, von der Sarotlahütte zum Eisernen Törle ca. 3 h – 3,5 h, retour bis Sarotlahütte ca. 1,5 h

AUSRÜSTUNG: gute Bergschuhe, Wanderstöcke, Sonnenschutz, Kopfbedeckung, Wasser

AUSSICHT: Zimba, Sarotlahörner, Gottvaterspitze, Großer Valkastiel, Schesaplana, Wildberg, Panüeler

GIPFEL: Zimba 2.643 m/schwer, Erstbesteigung durch Anton Neyer 1848 im Alleingang

ÜBERGÄNGE: über das Zimbajoch zur Heinrich-Hueter-Hütte, ca. 3 h

EINKEHRMÖGLICHKEITEN: Sarotlahütte, bewirtschaftet von Mitte Juni bis Anfang Oktober

— Wasserfall im Sarotlatal —

BESTE WANDERZEIT: da das Sarotlatal sehr eng ist, bekommt man im Juni, Juli, August am meisten Sonne
ÖFFENTLICH: Landbus 81 Bludenz/Bahnhof nach Brand, Fahrplan: www.vmobil.at
KARTE: Vorarlberg Atlas auf http://vogis.cnv.at

— Eisernes Törle, 2.300 m —

DER FLUG DES ADLERS

Manchmal erspäht man ihn: lange nach Sonnenaufgang zieht der Steinadler auf Beuteflug seine Kreise. Wer das Sarotlatal betritt, steht in einem fast vergessenen Paradies. Es ist ein weitgehend unberührtes Großbiotop und bildet mit seinen angrenzenden Gebirgszügen eine in sich abgeschlossene Einheit von atemberaubender Ursprünglichkeit. Schmale Grauerlenbestände säumen das Ufer des Sarotlabachs, auf den sehr steilen Flanken der rechten Talseite steht ein Ahorn-Buchenwald. Reh, Rotwild und Gemsen sind im ganzen Tal in guten Populationen vertreten. In den offenen Hängen leben kleine Murmeltierfamilien. Fuchs, Stein- und Edelmarder, Wiesel, Hermelin, Hase und Dachs bewohnen die Fichtenwälder entlang der Flanken. Das Tal ist auch ein wichtiges Refugium für die Vogelwelt, z.B. für Uhu, Steinadler, Mäusebussard, Auerhahn, Birkhuhn, Schneehuhn und Steinhuhn.

—Quelle: Biotopinventar Vorarlberg 1984/89, Seite 73.

DIE SAROTLAHÜTTE

In den Anfängen gab es nur eine gemauerte Alphütte, die 1902 vom Bludenzer Fabrikanten Ferdinand Gassner großzügig überbaut wurde (zwei Betten, zehn Matratzenlager, zwei Heulager). 1929/30 baute man weiter aus. Die Versorgung der Hütte war jedoch nicht leicht. Es gab keinen Fahrweg und keine Seilbahn. Tragtiere, ein Sherpa Träger und Hubschrauberflüge sicherten die Grundversorgung. Im Winter 1998/99 wurde die Hütte von einer Jahrhundertlawine gestreift und verschoben. Da eine Reparatur nicht mehr möglich war, entschloss sich die Sektion Vorarlberg zu einem Neubau an leicht verändertem Standort. Die neue Sarotlahütte wurde mit dem Umweltgütesiegel ausgezeichnet, weil sie mit Solarenergie versorgt wird.

—Von alten und neuen Hütten, in: Bergfreund, 2001/3, Seite 15.

DER NAME „EISERNES TÖRLE“

Es ist belegt, dass es in dieser Gegend auf jeden Fall Eisenabbau gab, Spuren zeugen noch davon. Törle steht für Tür, der Felsdurchlass beim Eisernen Törle bildet eine schmale Lücke und ist ziemlich eng, der Punkt wird deshalb als „Törle“ bezeichnet. Eine Sage überliefert ein Eisenbergwerk dort oben und erzählt von einem Streit zwischen den Bergleuten. Nach dem Streit soll ein Tor angebracht worden sein.

—Emailkorrespondenz über die Namensbedeutung „Eisernes Törle“ mit Carmen Reiter/Werner Vogt, Stadtarchiv Bludenz, vom 5. August 2008.

— Zimba, 2.643 m —

ZIMBA, DIE ERSTE

Die Zimba gilt als das Matterhorn Vorarlbergs. Die dreiseitige Felspyramide ist 2.643 m hoch. Dem jungen Anton Neyer (vulgo Bücheltonis Toni), einem Brunnenmacher aus Bludenz, gelang die Erstbesteigung am 7. September 1848. Nahe dem Gipfel fand er allerdings ein menschliches Skelett (wahrscheinliche Todesursache: Gewitter mit Blitzschlag), was die Vermutung nahe legt, dass schon ein anderer vor ihm oben war.

ALLEINGANG

Im Revolutionsjahr 1848 wagt sich also der 22-jährige Handwerker Anton Neyer an die Zimba und schafft sie im Alleingang. Auf dem Gipfel der Zimba hinterlässt er einen Stock mit einer Kupferhülse, die einen Zettel mit seinem Namen und dem Tag der Besteigung enthält. Wieder einmal glaubt man ihm nicht (wie schon Christian Zudrell bei der Drusenfluh). Doch sechs Jahre später, 1854, bestätigen drei Jäger aus Brand seine Geschichte. Die Brüder Sugg und F.J. Neyer besteigen für Vermessungsarbeiten den Gipfel über die NO-Wand und finden dort die Kupferhülse von Anton Neyer. Als Wertschätzung wird dann die Neyerscharte nach ihm benannt.

Am 27. August 1870 bekommt Neyer von John Sholto Douglass das Bergführerbuch No. 1 des DAV. Er war damit der erste autorisierte Bergführer Vorarlbergs. Damals schon 54 Jahre alt, wurde er später auch Engländern und Amerikanern empfohlen, da er gut englisch sprach.

Die hervorragende alpinhistorische Bedeutung von Neyers Alleingang wurde erst 1948 zum 100. Gedenktag der Zimba-Erstbesteigung durch Walther Flaig neu eingeschätzt und ins richtige Licht gerückt.

—Walther Flaig: Bücheltonis Toni, in: Berge und Heimat Jg. 3, Heft 10, 1948, Seite 261 bis 265.

—Hermine und Walther Flaig: Alpenpark Montafon, Bregenz 1972, Seite 59.

DER TOTE IM FELS

Bei seinem Aufstieg über die Zimba Südwand findet Anton Neyer in einer Kaminrinne kurz unterhalb der Gipfelfelsen ein menschliches Skelett, komplett mit Totenschädel. Er birgt die von Raubvögeln arg auseinandergezerrten Reste des Unbekannten und begräbt sie in einer Felsspalte. Ein Felsengrab in luftiger Höhe.

Wer der Tote ist, weiß man nicht. Aber in Brand und Bürserberg erzählte man sich dazu folgende Geschichte: Hirten hätten schon Jahre vor der Erstbesteigung durch Anton Neyer bei wildem Wetter und Neuschnee tagelang Hilferufe von der Zimbaspitze herunter gehört! Waren es die Hilferufe des Mannes, dessen Skelett Neyer später gefunden hat?

—Guntram Jussel: Erlebnis Alpenvereinsgeschichte Section Vorarlberg - Douglass, Jehly & Co, in: Bludenzer Geschichtsblätter, 2007, Heft 85, Seite 11.

—Guntram Jussel: Berge und Menschen – ein alpines Lesebuch, Bludenz 1995, Seite 151.

—Walther Flaig: Bücheltonis Toni, in: Berge und Heimat Jg. 3, Heft 10, 1948, Seite 261 bis 265.

DER ZIMPER

Ein Jäger aus Brand kletterte der Jagd halber an den Abhängen des Zimpers (Zimba) herum und verstieg sich soweit, dass er die höchste Spitze erreichte. Freude und Schrecken überfielen ihn. Er freute sich, der erste zu sein, der den Berg erstiegen habe. Er erschrak, als er an das Niedersteigen dachte und in dem verwitterten Gestein den rostigen Lauf eines Stutzens entdeckte, auf dem die Worte eingraviert waren: „Johannes Zimper hier gestorben." Beim Abstieg kam es unserem Jäger zugute, dass ein heißer Sommertag war. Er schnitt sich mit dem Messer Wunden in die Fußschlen, damit das triefende Blut auf den warmen Steinen klebe und ihn vor dem Ausgleiten und dem sicheren Tod bewahre.

—www.sagen.at

Das mit dem Aufschneiden der Fußsohlen scheint ein Topos zu sein, der durchaus auch auf Tatsachen beruhen kann. Aus dem Klostertal wird berichtet, dass sich ein Hütebub in der Radonaschlucht im Plattengebiet verstiegen hatte und in große Absturzgefahr geriet. Er schnitt sich mit dem Taschenmesser in die Fußschlen beider Füße. Das Blut klebte nun am Plattenfels und er konnte den Rückweg wagen.

—Johann Gantner: Gottvertrauen im Radonatobel, in: Vorarlberger Volkskalender, 1980, Seite 84.

DER NAME ZIMBA

Der Name kommt aus dem Romanischen. „Cima" heißt „Spitze". Man sieht darin auch den Rest von „Cima Sarotla". Sarotla ist zusammengesetzt aus saas = saxum/Fels und rotla = Verkleinerungsform von Ring, Sarotla heißt also Felsring und Cima Sarotla Ringelfelsspitze oder Ringelspitze. Die auffallende Ringelung der Zimba macht diese Deutung plausibel.

—Zimba: Name und Sage, in: Berge und Heimat Jg. 3, 1848, Seite 272.

DER ZIMBAPFARRER

Am häufigsten begangen wurde die Zimba vom sogenannten „Zimbapfarrer" Gebhard Wendelin Gunz (1881 in Götzis geboren, 1956 in Tisis gestorben). Er soll die Zimba mehr als 400 Mal bestiegen haben! Erstmals war er in der Nacht vom 13. auf den 14. September 1921 mit J. Plangger in der Wand.

Nach dem Zweiten Weltkrieg wurden die Alpenvereine, die vor und während des Kriegs von nationalistischem Deutschtum und Antisemitismus geprägt waren (ab 1924 gab es sogar einen Arierparagraphen in den Satzungen der meisten Sektionen), aufgelöst und ihr Eigentum beschlagnahmt. Die Franzosen genehmigten aber bereits am 24. Oktober 1945 die Existenz der wiedererrichteten Sektion Vorarlberg.

Obwohl Gunz noch 1933 auf der Hauptversammlung des DAV in Vaduz von eben demselben als einem „Bollwerk deutscher Einigkeit" gesprochen hatte, gelang es ihm als politisch Unbelastetem ab 1946, die neue Alpenvereinssektion Vorarlberg aufzubauen. Man begann sofort mit der Instandsetzung der Schutzhütten des Alpenvereins. Gunz war von 1945 – 1956 Obmann der Sektion Vorarlberg.

Als Pfarrer von Feldkirch-Tisis wollte er einen Felsblock vom Zimbagipfel als Grundstein für eine neue Kirche einmauern lassen. Der Stein wurde dann auch von Mitgliedern des Alpenvereins vom Zimbagipfel geholt.

—Walther Flaig: 100 Jahre Alpenverein in Vorarlberg, in: Vorarlberg, eine Vierteljahreszeitschrift, 7. Jg., Heft 3, 1969, Seite 14. „Zimbapfarrer" Gebhard Wendelin Gunz, in: Bergfreund, 2001/3, Seite 16.

—Hermine und Walther Flaig: Alpenpark Montafon, Bregenz 1972, Seite 59.

—Guntram Jussel: Erlebnis Alpenvereinsgeschichte „Section Vorarlberg" – Douglass, Jehly & Co, in: Bludenzer Geschichtsblätter, Heft 85, 2007, Seite 19.

DIE GIPFELMAUS

Hermine Flaig berichtet, der Zimbapfarrer Gunz habe immer behauptet, dass ganz oben auf dem Gipfel der Zimba eine Maus lebe, die keine Angst vor den Bergsteigern kenne und meistens einen kleinen Leckerbissen von ihnen bekomme. Und tatsächlich: als sie selbst wieder einmal auf dem Gipfel stand, auf rund 2.600 m Höhe, kam diese Maus plötzlich zwischen den Steinen dahergehuscht, verschwand wieder und war wieder da. Brosamen, Käserinde und Wurst wurden gestreut und die Gipfelmaus ließ sich die unverhoffte Mahlzeit gut schmecken.

—Hermine Flaig: Die Gipfelmaus, in: Franz Heinz Erne, Der Obere Walgau, 1959, Seite 120.

NEYER-MÄDCHEN UND DOUGLASS-MARY

Frauen waren schon in den Alpinismus-Pionierzeiten des 19. Jahrhunderts im Gebirge anzutreffen. Für Vorarlberg gibt es leider sehr wenige Quellen zur Rolle der Frau im frühen Alpinismus, und auch für die jüngere Zeit sind die Informationen eher dürftig. Doch eines ist sicher: Frauen waren auch bei uns von Anfang an mit dabei, wenn's in die Höhe ging.

In den klassischen, frühen Alpenvereinen wie etwa im Alpine Club, dem Österreichischen Alpenverein oder dem Schweizer Alpen Club konnten Frauen nicht Mitglieder werden. Das galt bis weit nach 1900. In der Sektion Vorarlberg des DÖAV war das anders: gleich von Beginn weg konnten auch Frauen Mitglieder werden, es waren aber sehr wenige, wie etwa Vanda Douglass, die Frau von John Sholto Douglass, die 1874 Mitglied des Bezirks Blumenegg wurde.

FRAUEN IM RÄTIKON

Ein frühes Zeugnis ist die Tochter (namentlich nicht erwähnt) von Gabriel Walser, einem reformierten Pfarrer, Geograph und Kartenzeichner aus dem Rheintal, der bereits 1754 in Begleitung seiner Tochter die Montafoner Berge bestieg.

Für das 19. Jahrhundert geben Walther und Günther Flaig sowie Guntram Jussel zumindest einige Hinweise: Anton Neyer aus Bludenz (vulgo Büchels Toni, Vater des Anton Neyer, vulgo Bücheltonis Toni) hatte drei Söhne und zwei Töchter: Anton Neyer, Erstbesteiger der Zimba 1848, Balthasar Neyer, sowie einen weiteren namentlich nicht genannten Sohn und eben die zwei namentlich ebenfalls nicht genannten Töchter. Diese bestiegen, wie ihre Brüder, die umliegenden Berge, obwohl Bergsteigen bei den einheimischen Frauen noch um 1900 verpönt war. Die beiden Mädchen waren auch beim ersten Aufstieg Oberzalimalpe – Nordflanke Panülerkopf – Brandner Gletscher (Flaig) in anderer Lesart Nordwestflanke des Wildberges – Brandner Gletscher (Jussel) im September 1849 mit dabei! Die Gruppe wollte einen neuen Weg auf die Schesaplana erkunden: von der Oberzalimhütte führte ihre Route über die Felsen östlich des heutigen Leibersteigs direkt auf den Brandner Gletscher und von dort auf die Schesaplana. Eine Gruppe von sieben Personen, darunter auch die Neyer-Schwestern, machte sich am 15. September 1849 auf den Weg und schaffte den Durchstieg bis zum Gletscher. Dort fiel aber Balthasar Neyer in eine Gletscherspalte und konnte nur mühsam geborgen werden. Am Schesaplanagipfel war nun niemand mehr interessiert. Doch zumindest der Aufstieg bis zum Gletscher war gelungen.

Im Jahresbericht der Sektion Vorarlberg für 1871/72 vermerkt John Sholto Douglass, dass am 23. August 1870 eine Dame – die Gattin des Herrn Bauführers Wenusch, Vorarlbergs berühmteste Aussichtsspitze, die Schesaplana, bestiegen habe. Auch diese Dame wird namentlich nicht genannt.

Hermine Flaig berichtet, dass die Schwester von John Sholto Douglass, Mary, die erste Frau auf der Zimba war. Mary war natürlich nicht seine Schwester, sondern seine Tochter. In der Lesart von Guntram Jussel wird Mary Fairbairn dann auch korrekt als die Tochter von John Sholto Douglass geführt. Sie steht am 18. Juni 1893 als erste Frau auf dem Gipfel der Zimba. Geführt wurde sie vom Bludenzer Bergführer Ferdinand Heine, der 30 Jahre zuvor bereits mit ihrem Vater John Sholto die Zimba bestiegen hatte. Noch im selben Jahr 1893,

3 Tage nach Mary, steht Luise von Chelminski, ebenfalls von Ferdinand Heine geführt, als zweite Frau auf der Zimba. Von Mary Fairbairn ist auch überliefert, dass sie zwei Jahre vor ihrer Zimba-Tour 1891 die Schesaplana bestiegen hatte.

Noch eine erfolgreiche Rätikon-Tour einer Frau wird vermeldet: bei der fünften Begehung der gefürchteten Drusenfluh Südwand am 19. August 1928 durch den Bergführer Otto Dietrich, begleitete ihn die Lindauerin Melanie Bittel erfolgreich als Seilpartnerin.

HERMINE FLAIG

Eine Ausnahmeerscheinung war die Alpinschriftstellerin Hermine Flaig: obwohl sie ihren Mann Walther Flaig auf fast allen Touren und Besteigungen (auch Bernina und Badile) begleitete, seine Sekretärin war, Aufzeichnungen machte für die späteren Flaig Bergführer-Bücher und auch noch die gemeinsamen Kinder großzog und sich um den Haushalt kümmerte, bleib sie immer im Schatten ihres Mannes. Erst später begann sie, selbst zu schreiben und eine eigene Schriftstellerkarriere zu entwickeln.

Die Hochzeitsreise mit Walther führte die beiden im April 1922 auf den Brandner Gletscher und dann weiter über die Jöcher zur Lindauer Hütte. Überall lag noch meterhoher Schnee. Es wird wohl bei dieser Gelegenheit gewesen sein, dass Hermine mit ihrem Mann die zweite Winterbegehung mit Skiern auf den Großen Turm gelang.

Auf ihren Wintertouren trugen die Frauen damals Breecheshosen und Wickelgamaschen und im Rucksack hatten sie einen Rock, denn es wäre undenkbar gewesen, in Hosen ins Dorf zurückzukommen.

—Karl Heinz Burmeister: Fremdenverkehr und Alpinismus, auf: Vorarlberg Chronik, http://apps.vol.at
—Günther und Walther Flaig: Rätikon, München 1953, Seite 42 und 46.
—John Sholto Douglass: Jahresbericht der Section Vorarlberg des deutschen Alpen-Vereins pro 1871/1872, in: Norman
—Douglass: Monographs Vorarlberg „Together", 1872, Seite 12 und 13.
—Hermine Flaig: Von den Anfängen der Touristik, in: Montafoner Heimatbuch, Schruns 1974, Seite 364 – 366.
—Manfred A. Getzner: Getzner, Mutter & Cie Bludenz, Teil A, Rheticus Gesellschaft, Feldkirch 1989, Seite 439.
—Guntram Jussel: Berge und Menschen – ein alpines Lesebuch, Bludenz 1995, Seite 41, 152, 162 und 164.
—Infogespräch mit Günther Flaig, Brand, vom 17. Mai 2008.
—Hans Nägele: Vorarlberger Frauenbilder, Bregenz 1973, Seite 159 bis 195.

DIE AUF DIE BERGE FÜHRTEN

Im 19. Jahrhundert gingen Einheimische selten freiwillig auf die Berge. Der frühe Alpinismus in Vorarlberg wurde wie in anderen Regionen von reichen Adeligen und Industriellen dominiert. Hier im Lande konnten sich aber einfache Männer aus dem Volk als Bergführer einen Namen machen. Bludenz und Schruns waren die Hochburgen für die, die auf die Berge führten.

Die Männer der ersten Stunde waren durchwegs Begüterte: John Sholto Douglass, Fabriksbesitzer, Otto von Sternbach, Gutsbesitzer, Julius Gassner, Fabrikant, oder etwa Josef Andreas Ritter von Tschavoll, Textilunternehmer, tauchen im ersten Voralberger Alpenvereinssektionsprotokoll 1869 als Vorstand bzw. einfache Mitglieder auf.

Auf die Gipfel geführt wurden sie aber von Männern aus dem Volk, die meisten von ihnen mit handwerklichen Berufen. Sie waren es, die das Wagnis auf sich nahmen und sich in spektakulären Erstbegehungen einen Namen machten, wie etwa Anton Neyer, der als erster die Zimba bestieg (1848) oder Christian Zudrell, der als erster auf der Drusenfluh stand (1870).

ANTON NEYER

Brunnenmacher und Bergführer aus Bludenz. Besteigt im Alleingang die Zimba am 7. September 1848, im Revolutionsjahr. Hinterlässt auf dem Gipfel eine Kupferhülse mit seinem Namen und dem Tag der Besteigung. Man glaubt ihm nicht. Erst sechs Jahre später bestätigen drei Jäger aus Brand, die zu Vermessungszwecken durch die NO-Wand auf den Gipfel gelangen, seine Geschichte. Neyer wird 1870 auch der erste autorisierte Bergführer Vorarlbergs. John Sholto Douglass überreicht ihm das „Bergführerbuch No. 1".

1849 war er auch zusammen mit seinen zwei Schwestern am ersten Ausfstieg von der Oberzalimalpe über die Nordflanke des Panüelerkopfs bzw. Wildbergs zum Brandner Gletscher beteiligt. Mehr dazu im Kapitel „Zimba, die Erste".

FERDINAND HEINE

Drechslermeister und Bergführer aus Bludenz. Er führt am 7. September 1863 (in der Lesart von „Berge und Heimat" von 1948 war es der 8. August 1863) die ersten „Touristen" auf die Zimba. Es waren John Sholto Douglass und der Baron Otto von Sternbach.

Die Tochter von John Sholto Douglass steht am 18. Juni 1893 als erste Frau auf der Zimba. Geführt wurde sie von Ferdinand Heine, der noch im selben Jahr Luise von Chelminski als zweite Frau ebenfalls auf die Zimba bringt. Auch den berühmten englischen Alpinisten Richard Pendlebury begleitete Heine auf die Zimba. Mehr dazu im Abschnitt „Der Tod im Traum: John Sholto Douglass" bzw. im Kapitel „Neyer-Mädchen und Douglass-Mary".

FERDINAND SCHALLERT

Bergführer und Skipionier aus Bludenz. Er dürfte zusammen mit Sepp Zweigelt aus Dornbirn ab 1902 zu den ersten Skitouristen in Brand gezählt haben. Sie befuhren fast alle Skiziele des Gebietes erstmals mit Skiern. Schallert gelang die erste Skibesteigung der Hasenfluh bei Zürs. Daneben zahlreiche Neutouren und Viertausender.

—Berge und Heimat, 3. Jg., 1948, Seite 287.

CHRISTIAN ZUDRELL

Holzschnitzer und Bergführer aus Schruns. Ihm gelingt 1870 die Erstbesteigung der Drusenfluh. Auf dem Gipfel hinterlässt er eine Signatur in Stein: C.Z.70. Niemand glaubt ihm. Erst 18 Jahre später findet Karl Blodig diese steinerne Visitenkarte Zudrells auf dem Gipfel und bestätigt damit Zudrells Angaben. Der Signatur-Stein ist heute auf der Lindauer Hütte in einem Schaukasten ausgestellt.

Als Bergführer war Zudrell auch der Begleiter des englischen Bergsteigers und Präsidenten des englischen Alpine Club John Percy Farrar, den er z.B. auf die Zimba führte. Mehr dazu im Kapitel „Der Fluch der Drusenfluh Südwand“.

AUREL STEU

Bergführer aus Schruns. Bestieg über 164 Mal die Zimba. Seine letzte Zimba-Besteigung machte er, als er schon über 70 Jahre alt war.

—Berge und Heimat, 3. Jg., 1948, Seite 78.

MOTTAKOPF

GRÜNER KOPF, SO HOCH: BRANDT – OBERE SONNENLAGANTALPE – MOTTAKOPF 2.176 m – OBERE SONNENLAGANTALPE – BRAND

MOTTAKOPF

DIE ROUTE

Gleich vorweg: der Mottakopf ist ein kleiner Geheimtipp. Weil der Rätikon so viele spektakuläre Möglichkeiten bietet, wird er oft links liegengelassen. Schade, denn die Route ist landschaftlich einmalig, mit reichhaltiger Flora und viel Abwechslung fürs Auge.

Die Tour beginnt bei der Gletscherbachbrücke an der Schattenlagantstraße (Bushaltestelle). Bereits hier präsentiert sich dem Auge ein weit gespannter Gobelin, vom begrünten Rücken des Mottakopfs bis hin zu den heftigen Abstürzen von Seekopf, Zirmenkopf, Schesaplana und Wildberg. Auffällig dabei sind die roten Einschüsse aus Liaskalk im Fels des Mottakopfs.

Zuerst steil hinauf, dann links durch einen kleinen Buchenwald und schließlich entlang eines kleinen Bachs, bevor man wieder nach rechts quert und schließlich in einen Latschenhang vorstößt, der mit einem fast mediterranen Klima aufwartet.

Nun hört der Wald auf und Grasland fängt an. Nach einer langen Traverse nach links kommt man zur Oberen Sonnenlagantalpe (nicht bewirtschaftet), wo man weiter hinten an den begrünten Schutthängen Schafe weiden sieht. Gute Gelegenheit, eine kurze Pause zu machen, weil sich der Weg zum Gipfel doch noch etwas zieht.

Nach der Alpe steigt man kurz ein paar Kehren hinauf und dann beginnt eine lang gezogene Traverse nach rechts, eigentlich direkt unter dem Gratrücken des Mottakopfs. Hier zu wandern ist ein wahrer Genuss. Die Landschaft wird jetzt auch von einigen Felsrippen bereichert. Rechts hat man einen wunderbaren Blick auf die Staumauer des Lünersees. Je höher man kommt, desto bergiger wird der Weg.

Nicht im Sinne von eigentlich gefährlich, sondern eher im Sinn eines faszinierenden alpinen Fußpfads. Deshalb ist jetzt auch etwas Trittsicherheit gefordert, weil es doch über einige schmale, etwas luftige Felsstufen geht. Eine letzte Kurve nach links oben, dann steht man auf dem begrünten Rücken des Mottakopfs und hat das Gipfelkreuz voll im Blick.

Jägerromantik will sich einstellen: direkt vor dir das raue Gipfel-Trio von Schesaplana, Wildberg und Panüler, weiter hinten der Naafkopf, und nach einem Schwenk Kirchlispitzen, Drusenfluh und Sulzfluh. Was dir aber eigentlich den Atem nimmt, ist der wilde Zalimgrat, das ist jener Grat, der über 3 km lang aus dem Schesaplanastock über den Wildberg bis zum Mottakopf hin absinkt, und zum Zalimtal hin hunderte Meter in die Tiefe stürzt.

Der Blick streift über den zackigen grünen Kamm, steigt höher über Schutt und stoppt schließlich am Fels. Wilder Ritt fürs Auge! Ein erfahrener Jäger aus Brand hat mir erzählt, dass dieser Grat ein alter Jägersteig und der kürzeste Weg hinauf zum Brandner Gletscher sei.

Der Rückweg führt über die gleiche Route wieder hinunter zur Oberen Sonnenlagantalpe und von dort zum Ausgangspunkt, der Gletscherbachbrücke. —

ROUTENINFOS:

Brand – Obere Sonnenlagantalpe – Mottakopf – Obere Sonnenlagantalpe – Brand

ART: Wanderweg, alpiner Pfad

HÖHENMETER AUFSTIEG: ca. 1000 m

DAUER/GEHZEIT: gesamt ca. 5,5 h, hin und retour

ROUTENVARIANTE: von Brand bei der Kapelle am Ortsende links und dann entlang dem Schattenlagantweg/Alvierbach bis zur Gletscherbachbrücke zum Ausgangspunkt der Wanderung

AUSRÜSTUNG: gute Bergschuhe, Wanderstöcke, Sonnenschutz, Kopfbedeckung, reichlich Wasser

AUSSICHT: Schesaplana, Wildberg, Panüeler, Naafkopf, Lünersee, Kirchlispitzen, Drusenfluh, Sulzfluh

EINKEHRMÖGLICHKEIT: Brand, da die obere Sonnenlagantalpe nicht bewirtschaftet ist

BESTE WANDERZEIT: Juni, Juli, August, September

ÖFFENTLICH: Landbus 81 Bludenz/Bahnhof nach Brand, Fahrplan: www.vmobil.at

KARTE: Vorarlberg Atlas auf http://vogis.cnv.at

— Obere Sonnenlagantalpe —

DER NAME MOTTAKOPF

Der Name ist gallischen Ursprungs, im Schweizer Dialekt als „mut“ oder „mutsch“, was soviel bedeutet wie rundlicher Felsvorsprung, Hügel, rundlich, stumpf. Das Wort bezeichnet also eine Geländeformation, die nicht spitz ist. Von Brand aus betrachtet vermittelt der Mottakopf ja tatsächlich einen „runden“ Eindruck.

—Reinhard Ganahl, Schuldirektor i. R. in Brand, Info-Gespräch vom 23. August 2008 über Rätikon Geschichten und Geschichte.

FAHRENDE SCHÜLER IN BRAND

Auch unser Land durchzogen fahrende Schüler. Sie zeigten sogar in dem früher recht unwirtlichen Brand und in seinen Alpen ihre Zauberkünste. Vor vierzig Jahren habe ich einen achtzigjährigen Mann davon erzählen gehört und der hatte es von seinem Ahne. Er berichtete, ein junger Mann sei in die Alpe Sonnenlagant gekommen und habe den Hirten und Senninnen allerhand Kurzweil bereitet. Bei der Kilbe habe er am flottesten getanzt, und damit alle recht lustig würden, habe er den Leuten Wein herbeigezaubert. Er habe mit einem Nagler den Balken einer Sennhütte angebohrt und als er das Werkzeug herausgezogen, sei ein Brünnlein Weines geronnen und manche hätten zum erstenmale solch ein feuriges Tränklein über die Lippen gebracht, denn Wein sei damals dort kaum bekannt gewesen.

—www.sagen.at

— Mottakopf auf grünem „Gobelin“ —

DER SEE IN DEN BERGEN

Der Lünersee war einst von Wald gesäumt. Damals herrschte ein warmes und feuchtes Klima, das diese Höhe der Waldgrenze ermöglichte. Man hat sogar sehr alte Hirschgeweihe am Grund des Sees gefunden. Der heutige Stausee entstand in den 1950er Jahren. Die natürliche Felsschwelle gegen das Brandnertal wurde dabei in die Staumauer einbezogen.

DER LÜNERSEE

In den Frühzeiten der Douglasshütte war es zum Beispiel noch Brauch, dass der Wirt Passagiere mit einem Kahn über den Lünersee brachte. Später wurde dieser Verkehrsweg jedoch eingestellt.

Der Lünersee ist der größte natürliche Gebirgssee in den Ostalpen. Bereits 1925 wurde der See wegen Abdichtungsarbeiten um 50 Meter abgesenkt. Am Grunde des Sees fand man Hirschgeweihe, die auf einen Klimawandel schließen lassen. Geldmangel verzögerte jedoch den Baubeginn für das Lünerseewerk. Erst mit einem Millionen-Dollar-Kredit der Weltbank 1954 konnte gebaut werden.

—Peter Strasser: Montafoner ReiseBilder, Montafoner Schriftenreihe 10, Schruns 2003, Seite 73.

—Peter Strasser, Andreas Rudigier: Montafon 1906 – 2006. Eine Zeitreise in Bildern. Schruns 2006.

DIE LÜNERSEEBAHN

Die Vorarlberger Illwerke bauten am Abschluss der Brandnertals beim so genannten „Bösen Tritt“ eine Staumauer und verdoppelten damit das Fassungsvermögen des Sees. Parallel dazu wurde eine Autostraße von Brand nach Schattenlagant angelegt, man beteiligte sich am Neubau der Douglasshütte, die zu einem Alpenhotel wurde und schuf mit der Lünersee Seilbahn von Brand/Schattenlagant (1565 m) zum Lünersee (1979 m) eine touristische Attraktion. Die Eröffnung der Bahn 1960 war eine Sensation. Erstmals konnte der Zentralbereich des Rätikons für Ausflügler und Wanderer erschlossen werden. Mit ca. 110.000 beförderten Personen (ca. 220.000 Berg- und Talfahrten) in einzelnen Sommersaisonen zählte die Bahn in den 60iger und 70iger Jahren zu den bestfrequentierten in Österreich. Ab 1996 sind die Zahlen rückläufig: pro Sommersaison werden jetzt noch ca. 75.000 Personen befördert, was einer Frequenz von 150.000 Berg- und Talfahrten entspricht.

—Adolf Berchtold: Die Vorarlberger Illwerke und die Erschließung der Bergwelt, in: Vorarlberg, eine Vierteljahreszeitschrift, Jg. 7, Heft 4, 1969, Seite 43.

—Emailkorrespondenz über die Lünersee-Bahn mit Brigitte Kasper, Illwerke Tourismus, vom 14. März 2007.

DOUGLASSHÜTTE

1871 erbaut, im Winter 1876/77 von einer Staublawine zerstört und wieder aufgebaut. Diese zweite Douglasshütte versank beim Bau der Staumauer (1953-1965) im Lünersee, die neue und dritte Douglasshütte wurde schließlich 1960 mit Unterstützung der Vorarlberger Illwerke eröffnet. Mehr zur Douglasshütte im Kapitel „John Sholto Douglass“.

TOTALPHÜTTE

Die Vorarlberger Illwerke stellten eine Baubaracke auf der Toten Alpe zur Verfügung. Sie konnte im Juli 1959 als „Totalphütte“ mit 30-40 Schlafplätzen eingerichtet und bewirtschaftet werden. Auf 2.385 m ist sie die höchst gelegene Hütte der Sektion Vorarlberg des Österreichischen Alpenvereins.

—Walther Flaig: 100 Jahre Alpenverein in Vorarlberg, in: Vorarlberg, eine Vierteljahreszeitschrift, 7. Jg., Heft 3, 1969, Seite 20.

— Lünersee, Richtung Totalp —

DIE PREDIGT AM LÜNERSEE

Der Lünersee war dem Volke anscheinend geheimnisvoll und unergründlich. In der Sage heißt es dazu: Einmal warf einer ein Senkblei hinein, da rief aus der Tiefe eine Stimme: „Ergründest du mich, so verschlinge ich dich!" ... Nach dem Sagen der Leute hausen im Lünersee allerhand Geister, die Kapuziner und fromme Priester hineinverbannt haben. Es geht auch die Prophezeiung, er werde einmal ausbrechen. Sein Wasser werde dann bei der Bludenzer Kirchenstiege bis zur siebenten Stufe hinanreichen und der ganze innere Walgau werde überschwemmt sein. Bisher sei der Ausbruch gehemmt worden durch einen ungeheuren Felsblock, der mit mächtigen eisernen Klammern an die unterirdische Öffnung angeschmiedet sei.

Eine weitere Sage handelt von zwei Hirten, die einmal am Unser Frauentag (15. 8.) am Port des grünen Sees verweilten. Auf einmal hören sie so feierlich und hell das Brandner Geläut vom Tal herauf, das alle Dörfler zur Predigt und zum heiligen Amt ruft. Da sagt der eine Hirte: „Wie schön ist so ein Glockenklang. Mir wird, als wenn ich Heimweh hätt. Es ist Feiertag und auch ich möcht zur Predigt gehn wie andere Leute." Der andere aber lacht: „Mangelt dir sonst nichts, so weiß ich Rat. Es geisten Hehren (Geistliche) da im See, es soll von denen einer kommen, und uns eine Feiertagspredigt halten." Kaum ist das Spötterwort heraus, da rauscht es im See und auftaucht ein Hehr in Chorrock und Barett. Auf einem Schimmel mit goldenem Leitseil setzt er ans Land, hält auf den Spötter zu und predigt ihm mit erhobener Hand, daß es hallt von Fels und Stein. Das Amen gellt, ein Sprung in den See, und verschwunden sind Roß und Mann. Von da an ist der Hirt schweigsam geworden und was der Hehr ihm gepredigt hat am Lünersee, das hat er bald mit unter den geweihten Boden genommen.

—www.sagen.at

SCHWEIZERTOR

KUPPELN AUS FELS: LÜNERSEE – GAFALLJOCH – SCHWEIZERTOR 2.139 m – VERAJÖCHLE – LÜNERSEE

SCHWEIZERTOR

DIE ROUTE

Von der Douglasshütte hält man sich links und geht entlang des mediterran anmutenden Lünerseeufers. Kurz vor der Lünerseealpe links abzweigen, hinauf zum Gafalljoch zur Grenze zwischen Österreich und der Schweiz. Hier hat man einen wunderbaren Blick auf die Lünerhalden unter dem Gafalljoch und die schneebedeckten Gipfel der Berninagruppe in den Schweizer Alpen.

Das Joch begrenzt die Kirchlispitzen nach Westen und ermöglicht den Zugang unter die Rätikon Südwände. Man hält sich nun links (rechts geht's Richtung Gamsluggen, mehr dazu im Kapitel „Gamsluggen") und wendet sich auf dem landschaftlich einzigartigen Rätikon Höhenweg Süd den Westausläufern der Kirchlispitzen zu. Zuerst geht es ein Stück flach dahin, dann aber steigt man ab und wandert bald entlang des Wandfußes der mächtigen, fast geschlossenen Südwand der Kirchlispitzen. Das Bild des Dandys kommt auf, der gemütlich an den Erdgeschossfenstern eines Wolkenkratzers vorbei flaniert. Mit Aussicht auf die Weiden von Vorder- und Hintercavell, wo Kühe friedlich grasen.

— Kirchlispitzen Nord —

Die benachbarte Drusenfluh Südwand und die Kirchlispitzen bieten mit Schwierigkeitsgraden von VII. aufwärts ein Paradies für Kletterer. Routen-Namen wie Via Andres, Via Pardutz, Silbergeier, Zauberlehrling, Haldenjohli oder Flattermann zeugen von der Kreativität ihrer Erstbegeher.

Hält man hier kurz inne, kommt so was wie Andacht, mindestens aber Respekt auf. Vertigo: die Wandflucht der Kirchlispitzen türmt sich senkrecht in die Höhe und man ist geneigt, ein Gebet zu sprechen. Oder eine Hymne an die Natur zu deklamieren. Oder einfach nur ein paar Worte des Staunens auszurufen, über den großartigen Landschaftsklassiker aus Fels, Steinen und Grasbändern.

Der Höhenweg führt dann weiter, unter dem Schweizertor vorbei Richtung Drusentor oder Carschinahütte, macht jedoch bald eine Linkskehre und retourniert unter der Drusenfluh direkt zur Steilstufe des Schweizertors. Drahtseile und einbetonierte Klammern erleichtern den steilen Aufstieg im riesigen Felsentor. Auf der einen Seite die Drusenfluh, auf der anderen die Kirchlispitzen, wie zwei bergige Domkuppeln mit natürlichem Durchlass sitzen sie da. Oben angekommen, sieht man als erstes eine alte Zollwachhütte.

Nun geht es mit kurzem Aufstieg angenehm weiter auf dem Rätikon Höhenweg Nord zum 2.330 m hohen Verajöchle und von dort wieder hinunter an die lieblichen Ufer des Lünersees. —

— Südblick vom Schweizer Tor —

— Kirchlispitzen und Drusenfluh Süd —

ROUTENINFOS:

Lünersee – Gafalljoch – Rätikon Höhenweg Süd – Schweizertor – Rätikon Höhenweg Nord – Verajöchle – Lünersee

ART: Rundwanderung, alpiner Steig zum Schweizertor

HÖHENMETER AUF- UND ABSTIEG: insgesamt ca. 900 m, Lünersee/Gafalljoch ca. 300 m, Gafalljoch/Fuß Schweizertor ca. 300 m, Fuß Schweizertor/Ausstieg Schweizertor ca. 100 m, Schweizertor/Verajöchle ca. 200 m

DAUER/GEHZEIT: gesamt ca. 6,5 h – 7 h, Lünersee/Gafalljoch ca. 1,5 h, Gafalljoch/Schweizertor ca. 2,5 h, Schweizertor/Verajöchle ca. 0,5 h, Verajöchle/Lünerseebahn ca. 2 h

AUSRÜSTUNG: gute Bergschuhe, Wanderstöcke, Sonnenschutz, Kopfbedeckung, Wasser

AUSSICHT: Schesaplana, Kirchlispitzen, Schweizertor, Drusenfluh, Bündner Alpen

EINKEHRMÖGLICHKEIT: Douglasshütte bewirtschaftet von Ende Mai bis Anfang Oktober

BESTE WANDERZEIT: Juni, Juli, August, September

ÖFFENTLICH: Landbus 81 von Bludenz Bahnhof nach Brand Lünerseebahn, Fahrplan: www.vmobil.at

KARTE: Vorarlberg Atlas auf http://vogis.cnv.at

KIRCHLISPITZEN

Es sind sieben Einzelgipfel. Sie wurden wegen der roten Felsbänder auf der Nordwestseite früher auf der Lünerseeseite auch „Rotwand“ genannt. Der Name „Kirchlispitzen“ kommt von einem auf der Südseite vorgelagerten Felsgebilde: „Kirchli“ oder nach Schweizer Mundart „Chilchli“.

—Günther und Walther Flaig: Rätikon, Seite 247.

MIT DEM AUTO ÜBERS GAFALLJOCH

Was machbar ist, wird meistens gemacht. Technische Utopien haben immer den Beigeschmack des kalt Rationalen und der unkritischen Technikgläubigkeit. Auch im Rätikon wurden Straßenbauprojekte geplant, die aus heutiger Sicht nur einen positiven Nenner haben: sie wurden alle wieder schubladisiert!

GAFALLJOCH

1932 konzipierte Hermann Keckeis in seiner Dissertation „Landesplanung Vorarlberg" an der Technischen Hochschule Wien den Ausbau eines regionalen Straßennetzes. Für den Fremdenverkehr schlug er neben einer Verbindung übers Schlappinerjoch in die Schweiz auch eine „Luxusstraße" über den Lünersee und das Gafalljoch in die Schweiz vor. Diese Strecke sollte den Tourismus beleben, aber auch das Rheintal entlasten. Das Projekt wurde nicht realisiert.

— Gafalljoch mit Kirchlispitzen Nord —

SCHLAPPINERJOCH

Bereits 1883 äußerte der Schweizer Otto von Pfister den Wunsch, den Übergang übers Schlappinerjoch für den Verkehr auszubauen. Ende der 1960er Jahre entsann man sich wieder der Studie von Keckeis und es wurde ein baureifes Projekt ausgearbeitet. Es sah einen 1,8 km langen Tunnel unter dem Schlappinerjoch in Richtung Klosters vor. Doch 1974 sprach sich der Verkehrsverein Gargellen gegen diesen Plan aus, auch die Schweizer verfolgten das Projekt nicht weiter, so dass es auch auf Vorarlberger Seite ab den 1980er Jahren wieder in der Versenkung verschwand.

BRANDNER GLETSCHER

Neben diesen Straßenbauprojekten plante man auch die Erschließung des Brandner Gletschers als Sommerskigebiet. Auch das wurde nicht umgesetzt und der Gletscher gerettet (mehr dazu im Kapitel „Kaltes Grab für ein Projekt").

—Peter Strasser: Utopien am Gletscher. Nicht realisierte Großprojekte rund um die Mannheimer Hütte, in: Montafoner Museen, Jahresbericht 2006, Schruns 2007, Seite 27 – 37.

GAMSLUGGEN

DIE LÜCKE IM FELS: LÜNERSEE – GAFALLJOCH – GAMSLUGGEN 2.382 m – TOTALP – LÜNERSEE

GAMSLUGGEN

DIE ROUTE

Von der Douglasshütte hält man sich links und beginnt die Tour mit einer gemütlichen Wanderung entlang des Lünerseeufers. Mediterranes Ambiente: grüne Latschenkiefern auf azurblauem Hintergrund. Kurz vor der Lünerseealpe zweigt man links ab und steigt zum Gafalljoch hoch. Begleitet vom Murmeln eines trägen Bächleins geht es zum Teil recht steil hinauf zur Grenze zwischen Österreich und der Schweiz. Oben am Joch schweift der Blick über flaschengrüne Almen bis hinaus zu den schneebedeckten Gipfeln der Berninagruppe in den Schweizer Alpen.

Nun hält man sich rechts, der Beschilderung „Gamsluggen" folgend, auf dem Rätikon Höhenweg Süd auf Schweizer Seite. Abstieg in lieblichem Grün Richtung Colrosa, im Rücken die zackigen Kirchlispitzen und die mächtige Drusenfluh. Vor dir die 2.500 m hohen Totalpköpfe, die die Richtung zur Gamsluggen anzeigen.

Der Weg steigt nun allmählich wieder an und geht bald in steile Serpentinen über. Trittsicherheit ist bereits hier gefragt. Das Gehen wird schwer, langsamer, ein Schritt nach dem anderen. Das Grün der Almen kontrastiert mit dem Grau der Felsen, die in den wolkenlos blauen Himmel schießen. Schließlich hört der Grasbewuchs auf und blanker Stein beginnt. Der schmale Felsenpfad durch die Wand wird ganz oben von schweren Eisenketten gesichert. Hat man diese hinter sich, setzt man - nach einer letzten Querung – seinen Fuß plötzlich auf die Gamsluggen, einen fast mystischen Übergang mitten im Fels. Ein kühnes Crossing mit einem Blick weit hinab und weit hinaus. Früher sagten sich hier sicher nur Jäger und Gams Guten Tag.

Gamsluggen: hinter dir geht's runter und vor dir geht's runter. Unter dir liegt der blaue Lünersee, rechts driftet die atemberaubende Felsenflucht mit Kirchlispitzen und Drusenfluh weg, direkt vor dir hockt die Totalphütte inmitten einer Steinwüste und links oben steigt die kühne Gipfelflanke der Schesaplana empor. Das Ganze ist ein heftiges Szenario aus rohem Fels, ein Tiefblick in eine monochrom changierende Graulandschaft. Die Augen können nicht davon lassen. Rundum Stille. Von der Gamsluggen auf 2.380 m steigt man dann zügig zur Totalphütte ab und von dort – nach einer verdienten Rast - wieder hinunter zum Lünersee. —

ROUTENINFOS:

Lünersee – Gafalljoch – Colrosa – Gamsluggen – Totalp – Lünersee

ART: Wanderweg, alpiner Steig

HÖHENMETER AUFSTIEG: gesamt ca. 700 m, Lünersee/Gafalljoch ca. 270 m, Sohle Höhenweg Süd/Gamsluggen ca. 400 m

DAUER/GEHZEIT: gesamt ca. 6 h – 6,5 h, Lünersee/Gamsluggen ca. 4 h, Gamsluggen/Totalp/Lünersee ca. 2 h – 2,5 h

AUSRÜSTUNG: gute Bergschuhe, Wanderstöcke, Sonnenschutz, Kopfbedeckung, Wasser

AUSSICHT: Schesaplana, Kirchlispitzen, Drusenfluh Südwand

EINKEHRMÖGLICHKEIT: Totalphütte, bewirtschaftet von Ende Mai bis Anfang Oktober

BESTE WANDERZEIT: Juni, Juli, August, September

ÖFFENTLICH: Landbus 81 von Bludenz Bahnhof nach Brand Lünerseebahn, Fahrplan: www.vmobil.at

KARTE: Vorarlberg Atlas auf http://vogis.cnv.at

DIE LÜCKE FÜR DIE GAMS

Günther und Walther Flaig schreiben in ihrem Rätikon-Führer von 1966 die Gemslücke oder Gamsluggen trenne die Totalpköpfe von den Kanzelköpfen und sei eine Doppelscharte, die durch einen Felskopf geteilt wird. Es sei ursprünglich ein alter Gamswechsel mit Spuren eines Schmugglersteigs im Kanzelgrat gewesen.

Der eigentliche Übergang über die Gemslücke/Gamsluggen (der oben beschriebene) liege aber 200 m westlich oberhalb der zweiten Scharte.

Als „fueßstaig übers gepürg (...) aber sehr gefährlich" war die Gamsluggen auch schon dem Vogteiverwalter David Pappus um 1610 bekannt.

— Gamsluggenweg: in Grün getränkt —

AUF DER FLUCHT

Kurz vor und noch zu Beginn des Zweiten Weltkriegs konnten tausende Juden von Wien kommend über Vorarlberg in den „Einwanderungskanton St. Gallen“ (Wanner) fliehen. Zunächst legal, dann illegal. Auch der Rätikon war ein guter Fluchtweg in die Schweiz und nach Liechtenstein. Doch dann wurde die Grenze dichtgemacht.

— Fluchtroute Schweizertor —

IN DIE FREIHEIT

Zwischen der Schweiz und Vorarlberg liegen ca. 100 km Grenze im Rätikon und der Silvretta. Nach Liechtenstein gab es die Übergänge über das Bettlerjoch, das Mattlajoch, durch das Saminatal und über den Sarojasattel auf dem Hinterälpele bei Frastanz.

Besonders von Gargellen aus erreichten 1938 Flüchtlinge mit ortskundiger Führung über das Schlapinerjoch und St. Antönier Joch die Graubündner Orte Klosters und schließlich Davos. Ein anderer Fluchtweg führte von Bludenz durch das Brandnertal und entlang des Lünersees zu den Grenzpässen. Auf diesen Pfaden und Wegen erreichten bis zum August 1938 aber lediglich 173 Personen Graubünden. Dabei handelte es sich vor allem um sozialdemokratische politische Flüchtlinge, die später über Zürich nach Frankreich weiterbefördert wurden.

Der Kanton Graubünden verfolgte damals eine wesentlich humanere Flüchtlingspolitik als beispielsweise der Kanton St. Gallen. Rund 300 Flüchtlinge haben in Graubünden Zuflucht gefunden. Das war auch mit ein Verdienst des menschlich agierenden Graubündner Regierungspräsidenten Luigi Albrecht und seines Hauptmanns der Fremdenpolizei Anton Bühler.

VERBOTSZONE GRENZE

Deutschland erklärt aber nach Kriegsausbruch die gesamte Gebirgsregion zur Verbotszone: im März 1940 wurde eine Sperrzone verordnet, die sich von der Grenze bis zum Illufer erstreckte. Etwas später schuf man eine besser kontrollierbare Verbotszone mit 4 km Breite entlang der Grenze. Die Überwachung dieses Grenzstreifens übernahm der Zollgrenzschutz. Dafür wurden ganzjährig besetzte 19 Höhenstützpunkte und 22 Postenhütten errichtet.

So waren etwa die Grenzwache und Gebirgstruppen die ganze Kriegszeit über auf der Lindauer Hütte stationiert, gelegentlich bis zu 50 Mann stark. Sie kontrollierten die Grenze und absolvierten auch Schießübungen mit schweren Maschinengewehren. Auch auf der Mannheimer Hütte waren Soldaten einquartiert.

Wer es als Flüchtling dennoch schaffte, über die Pässe zu fliehen, fiel in die Hände des Schweizer Militärs, das mit Kriegsausbruch in Graubünden damit begonnen hat, Unterkünfte, Kavernen und MG-Nester unmittelbar an der Grenze zu errichten.

Auch Kriegsgefangene, die auf diversen Illwerke-Baustellen (Obervermunt, Rodunt, Silvretta) zwangsweise arbeiteten, versuchten über die Berge in die Freiheit zu fliehen. Ab 1942 wurden deshalb bei Fluchtversuchen von Kriegsgefangenen in die Schweiz Todesurteile verhängt!

TRAGÖDIEN UND TRAUERSPIELE

Immer wieder spielten sich Dramen beim illegalen Grenzübertritt in die Schweiz ab. So berichtet Felix Auer aus Schiers, dass er und eine kleine Gruppe alarmiert worden waren. Zwischen dem Schweizertor und der Schesaplana fanden sie einen Mann unter einem Felsvorsprung auf Schweizer Seite. Er hatte nur Halbschuhe an den Füssen, war vollkommen erschöpft und konnte kaum mehr sprechen. Ein tschechischer Jude. Man brachte ihn nach Schiers, aber der Mann war inzwischen tot. Der Dorfpfarrer begrub ihn im Schierser Friedhof. Grab des unbekannten Flüchtlings.

In einem anderen Fall wollten zwei jüdische Frauen aus Wien im Sommer 1941 von Gargellen aus über die Grenze. Vielleicht übers Schlappinerjoch, vielleicht übers Antönier Joch. Man weiß sehr wenig über die genaueren Umstände. Tatsache ist, sie wurden erwischt und verhaftet (manche sagen, sie wurden von einem einheimischen Schlepper an den Grenzschutz verraten) und kamen in den Gemeindearrest nach St. Gallenkirch, der so genannten „Kiecha". Übrigens war es dieselbe Arrestzelle, in der im Jahr 1938 auch Jura Soyfer und Hugo Ebner festgehalten wurden.

In dieser Zelle erhängten sich die beiden Frauen. Aus Verzweiflung oder aus der Überzeugung, sich bereits auf dem direkten Weg in ein Konzentrationslager zu befinden.

Mehr zum Schicksal von Jury Soyfer und Hugo Ebner in den Kapiteln „Jura Soyfer" und „Hugo Ebner".

—Gerhard Wanner: Flüchtlinge und Grenzverhältnisse in Vorarlberg 1938 – 1944, in: Rheticus 1998, Heft 3/4, Seite 227 ff.

—Hermann Brändle, Gernot Egger, Meinrad Pichler, Harald Walser: Von Herren und Menschen. Verfolgung und Widerstand in Vorarlberg ; 1933 – 1945, Bregenz 1985.

—100 Jahre Lindauer Hütte: Festschrift zum 100-jährigen Bestehen der Lindauer Hütte, Lindau 1999, Seite 46.

—Gernot Kiermayr-Egger: Zwischen Kommen und Gehen. Zur Sozial- und Wirtschaftsgeschichte des Montafons, Schruns 1992, Seite 149.

—Michael Kasper: Durchgang ist hier strengstens verboten. Die Grenze zwischen Montafon und Prättigau in der NS-Zeit 1938-1945, Seite 95, in: Edith Hessenberger: Grenzüberschreitungen, von Schmugglern, Schleppern, Flüchtlingen, Schruns 2008.

—Edith Hessenberger: Gescheiterte Grenzüberschreitungen, Seite 188 – 190, in: Edith Hessenberger: Grenzüberschreitungen, von Schmugglern, Schleppern, Flüchtlingen, Schruns 2008.

DRUSENTOR

FELSENPFORTE: LINDAUER HÜTTE – DRUSENTOR 2.342 m – LINDAUER HÜTTE

DRUSENTOR

DIE ROUTE

Mit der Golmerbahn geht es zunächst von Latschau zur Golmerbahn Bergstation. Hier beginnt die eigentliche Wanderung mit einem angenehmen, abwechslungsreichen Weg zur Lindauer Hütte. Vor dir strecken sich die prächtigen Drei Türme in den Himmel, links davon zieht der langgezogene Rücken der Sulzfluh davon.

Nach einer kurzen Rast auf der Lindauer Hütte führt der Drusentorweg über einen latschenbewachsenen Moränenkamm und über eine Almweide, bis man zur ersten unteren Blockstufe kommt. Von nun an begleitet dich, links von dir, der Kalkstock der Kleinen Sulzfluh. Die hellen, fast weißen Felsen bilden einen reizvollen Kontrast zum begrünten Wandfuß. Wo die Almweide aufhört, beginnen steile Serpentinen, teils Geröllrasen, weiter oben dann reiner Stein.

Bald steht man vor einer Weggabelung: zum Drusentor einfach dem Pfad nach links folgen, der Steig zu den Nordanstiegen der Drei Türme biegt scharf rechts ab. Über dir hängen hünenhaft die Drei Drusentürme mit Kleinem, Mittlerem und Großem Turm sowie die riesige, gefährlich wirkende Sporaplatte. Der englische Alpenmaler Edward Theodore Compton nannte dies einmal den schönsten Talabschluss der Ostalpen. Über sehr steile Geröllstufen steigt man nun Schritt für Schritt in die Steinwüste und Geröllmulde unterhalb des Drusentors hinauf. Im Vergleich zum Gebiet um die Totalp ist hier der Stein viel härter, aggressiver, fast möchte man sagen „wirklicher“, und man hat das Gefühl durch eine solitäre Mondlandschaft zu spazieren. Tonhaltige rote Felsschichten sorgen für etwas Abwechslung.

Auf einer Anhöhe sitzen die Reste eines ehemaligen Zollhäuschens, ein Zeichen, dass es nicht mehr weit bis zur Grenze am Drusentor ist. Nun geht es nochmals durch steilen Schutt hinauf. Jetzt noch durch turmartige Felszacken hindurch, die einen schmalen Fußpfad zum Drusentor freigeben.

Das hier ist für mich der schönste Übergang im ganzen Rätikon, spektakulär eingebettet zwischen Sulzfluh und Drei Türmen mit weitem Blick hinaus in die Bünder Bergwelt.

Gleich hinter dem „Tor“ hat man bequem Platz zum Rasten. Auffällig sind die zahlreichen Gedenktafeln am Fels, die daran erinnern, dass es nicht weit von hier, in der Drusenfluh Südwand, zu dramatischen Bergtragödien gekommen ist (mehr dazu im Kapitel „Abenteurer des Todes“). Eine Tafel erinnert z.B. an Hans Diechtl, der 1928 in der Südwand verunglückte. Später widmete man ihm die Diechtl-Gedächtnisführe.

Der enge Drusentordurchlass gibt auf Schweizer Seite den Blick frei auf das kräftige Grün des Prättigaus und die endlosen Weiten der Bündner Alpen. Das Grau und das Grün. Die Höhe und die Tiefe, Weite und Nähe. Polarisierungen, die bereichern. Das Auge schweift frei und weit. Friedliche Stimmung. Einklang im Fels. Es fehlt nur noch der Soundtrack von *Popol Vuh* – mystisch und verklärt.

Der Rückweg führt wieder hinunter zur Lindauer Hütte und von dort durchs lange (für die Beine manchmal zu lange) Gauertal bis hinunter zur Talstation der Golmerbahn in Latschau. —

ROUTENINFOS:

Latschau – Golmerbahn Bergstation – Lindauer Hütte – Drusentorweg – Drusentor – Lindauer Hütte – Gauertal – Latschau

ART: Wanderweg, stellenweise ein Pfad

HÖHENMETER AUFSTIEG: Lindauer Hütte/Drusentor ca. 600 m

DAUER/GEHZEIT: gesamt ca. 7 h, Golmerbahn Bergstation/Lindauer Hütte ca. 1,5 h, Lindauer Hütte/Drusentor ca. 2 h, Drusentor/Lindauer Hütte ca. 1,5 h, Lindauer Hütte/Latschau ca. 2 h

ROUTENVARIANTE: Lindauer Hütte – Drusentor – Carschinahütte und retour bzw. Lindauer Hütte – Drusentor – Schweizertor – Öfapss – Lindauer Hütte

AUSRÜSTUNG: gute Bergschuhe, Wanderstöcke, Sonnenschutz, Kopfbedeckung, Wasser

— Drusentor, 2.342 m —

AUSSICHT: Drei Türme, Drusenfluh, Sulzfluh, Prättigau, Bündner Bergwelt
GIPFEL: Drei Türme
EINKEHRMÖGLICHKEIT: Lindauer Hütte, bewirtschaftet von Ende Mai bis Mitte Oktober
SEHENSWERT: Alpengarten bei der Lindauer Hütte
BESTE WANDERZEIT: Juni, Juli, August, September
ÖFFENTLICH: Regionalzug Bludenz nach Schruns, Ortsbus 1 von Schruns nach Latschau zur Golmerbahn www.golm.at, Fahrplan: www.vmobil.at
KARTE: Vorarlberg Atlas auf http://vogis.cnv.at

LINDAUER HÜTTE

Gebaut wurde sie 1899 von der Sektion Lindau des Deutschen Alpenvereins und am 16. August desselben Jahres konnte sie feierlich eingeweiht werden. Die Hütte wurde von Bergwanderern und Alpinisten gut angenommen. Zusammen mit den Drei Türmen diente sie dem bekannten englischen Landschaftsmaler Edward Theodore Compton auch als Motiv.

—100 Jahre Lindauer Hütte: Festschrift zum 100-jährigen Bestehen der Lindauer Hütte, Lindau 1999, Seite 30.

DER NAME DRUSENTOR

Die Ortsbezeichnung kommt nicht vom römischen Feldherrn Drusus, sondern bezieht sich auf das alemannische Druse, Drusa für die Alpenerle/Bergerle und auf die Drusa Alpe mit ihren Hochweiden auf Schweizer Seite. Als Übergang wurde das Drusentor, wenn auch nur lokal, seit Urzeiten von Menschen begangen.

Der Weg von der Lindauer Hütte zum Drusentor wurde 1902 vom damaligen Hüttenwirt, dem Bergführer Jakob Both aus Schruns, angelegt. Die Schweizer sorgten gleichzeitig für einen Weg von Süden her, so dass der Übergang erschlossen war.

Es gab übrigens früher einmal den Plan, einen Weg vom Drusentor auf die Sulzfluh anzulegen, wie aus einem Aktenprotokoll des Alpenvereins über Beihilfen für Wegbauten im Bereich der Lindauer Hütte von 1907 zu entnehmen ist. Man gab das Vorhaben aber wieder auf, da der Pfad durch extrem brüchiges Gelände geführt hätte, eine Seillänge davon mindestens im III. Schwierigkeitsgrad.

Begehungen vom Drusentor über den Westgrat auf die Sulzfluh gab es erst recht spät: Viktor Sohm gelingt am 14. Juli 1899 mit dem Führer Josef Both der Anstieg vom Drusentor bis zum Wandfuß des Westgrats und über eine Rinne zum sogenannten „eingeklemmten Block“ und zum Sulzfluh Hauptgipfel.

—Günther und Walther Flaig: Rätikon, Seite 261.
—100 Jahre Lindauer Hütte: Festschrift zum 100-jährigen Bestehen der Lindauer Hütte, Lindau 1999, Seite 39.
—www.historisches-alpenarchiv.org
—Emailkorrespondenz mit Wendelin Tschugmell vom 3. Dezember 2008 über einen geplanten Weg Drusentor/Sulzfluh.
—Otto Maull: Die Sulzfluh vom Drusentore aus, in: Mitteilungen des Deutschen und Österreichischen Alpenvereins, 1908, Nr. 22, Seite 275 bis 276.

— Drusentorweg: vom Gras zum Stein —

DER FLUCH DER DRUSENFLUH SÜDWAND

In den 1930er und 1940er Jahren hatte die Südwand der Drusenfluh im Rätikon einen mindestens so dunklen Nimbus wie die Eiger Nordwand in den 1950ern. Schauergeschichten kursierten in den Hütten: jeder Seilschaft ungerader Begehungen (3, 5, 7, usw.) sei bisher etwas zugestoßen, entweder tödliche Abstürze oder schwere Verletzungen. Und tatsächlich: zwischen 1923 und 1929 gab es drei Tote in der Wand!

UNHEILVOLLE SÜDWAND

1931 schreibt die Zeitschrift „Der Bergsteiger": Ihre Ersteigungsgeschichte ist abenteuerlich und unheilvoll. Ein dunkles Gesetz schien die Wand zu beherrschen, das wechselnd auf Gelingen Verderben folgen ließ. Lange hatte sie jeden Ansturm abgeschlagen und mancher kühne Plan zerschellte an ihren Felsen, bis es endlich einem gelang, einen möglichen Durchstieg zu finden.

—Guntram Jussel: Berge und Menschen – ein alpines Lesebuch, Bludenz 1995, Seite 41.

DIE SÜDWAND ERSTBESTEIGUNG

Der Dresdner Emanuel Strubich schaffte es: er klettert am 31. August 1921 erstmals erfolgreich und alleine auf der nach ihm benannten Strubichroute durch die Drusenfluh Südwand zum Hauptgipfel. Strubich war von Beruf Schneidergeselle, seine große Leidenschaft aber galt dem Klettern. Beinahe mittellos schlug er sich durch, ernährte sich von Haferflocken, schlief oft gleich unter den Felsen und lebte als echter Bergvagabund. Er lernte auch Walther Flaig, den siebten Obmann der Alpenvereinssektion Vorarlberg, kennen, der ihn auf mögliche Erstbegehungen hinwies. 1922 stürzte Strubich an der Hinteren Karlspitze im Wörgeltal ab. Er wurde nur 35 Jahre alt.

—Walter Stösser: Unheimliche Südwandschlucht der Drusenfluh, in: Vorarlberg, eine Vierteljahreszeitschrift, Nr. 7, Heft 3, 1969, Seite 58 ff und Seite 61.

DER DÄMON: GEWALTIG UND STEIL

Die Südabstürze der Drusenfluh: eine 2 km lange, 500-600 m hohe Mauer aus Stein. Walter Stösser gelingt 1930, zusammen mit seinem Partner Ernst Seyfried, der unmittelbare Durchstieg dieser großen Südwandschlucht, die später als die Stösserschlucht in die Besteigungsgeschichte eingeht.

Stössers Bericht mit den damals üblichen, gewaltigen Sprachbildern, dämonisiert die Wand: „Vom Kampf mit dieser großen Wand will ich erzählen (...)." Und weiter: „Da im Kalkschotter ein gebleichter Knochen! Ein Halswirbel! Dort ein langer, blanker Armknochen! Vermodert im Fels! Menschengebein?" Etwas weiter oben dann der nächste Horror: „Da, o Grauen, fällt mein Blick auf eine vermoderte, verweste Masse, die einst ein Mensch gewesen ist! (...) Noch legt sich der Seilring um die bleichen Knochen, Karabiner und Haken klirren leise aneinander – wie das Läuten eines Totenglöckleins (...)." Schließlich geraten sie in einen Wettersturz: „Der Weg! Der Weg! Das Grau wird zu Schwarz, der Wind zum heulenden Sturm, der Regen zum Wolkenbruch. Die Blitze zucken ununterbrochen. Unheimlich rollen die Donnerschläge durch die Wand. (...) Lechzt die Wand nach neuen Opfern?"

Guntram Jussel meint dazu, dass die Dämonisierung der Südwand eine Mär sei und der Ursprung für die Übertreibungen liege in eben diesem Bericht von Walter Stösser über seine Erstbegehung der direkten Südwandroute von 1930.

Der Stösserbericht von 1930 wurde nämlich von Paul Hübel in seinem Buch „Der Bergsteiger Walter Stösser. Ein Buch der Erinnerung“ (1940) weiter ausgeschlachtet und auch noch 1969 von der Zeitschrift „Vorarlberg“ unreflektiert und ausschmückend nachgedruckt.

—Walter Stösser: Unheimliche Südwandschlucht der Drusenfluh, in: Vorarlberg, eine Vierteljahreszeitschrift, Nr. 7, Heft 3, 1969, Seite 60, 61 und 62.

—Emailkorrespondenz mit Guntram Jussel über die Toten der Südwand in den 1920er Jahren vom 27. August 2008, 14. September 2008, 18. September 2008, 4. Oktober 2008 und 22. November 2008.

Danke für den Hinweis von Guntram Jussel: Der Bericht von 1969 in der Zeitschrift „Vorarlberg“ sei dem Orginalbericht von Stösser von 1930 nachgeschrieben und mit Ausschmückungen und Zusätzen verändert worden. Jedenfalls sei er nicht von Stösser gezeichnet. Stösser war bereits 1935 an der Nordwand des Morgenhornes (Berner Alpen) durch eine Eislawine erschlagen worden!

STÖSSERSCHLUCHT

„Da schwingt sich ein Freudenschrei in die Lüfte, schwingt sich über die Türme hinweg ins schöne Gauertal.“ Emotional hochgeputscht, körperlich erschöpft stehen die beiden Deutschen Walter Stösser und Ernst Seyfried am 13. Juni 1930 auf dem Gipfel der Drusenfluh.

Drusenfluh: 2.827 m im Rätikon. Die Südwand: 500 – 600 Meter vertikaler, grauer Fels. Glatte Platten, Risse, Kamine, Steinschlag. Am 12. Juni 1930 steigen die beiden um die Mittagszeit in die Wand ein. Sie kommen zügig voran, bis sie zu einem Block im Aufstiegs-Kamin kommen. Nichts geht mehr. Es beginnt heftig zu regnen und zu stürmen. „Ernst! Ungehört verhallt der Ruf im Toben der Elemente (…) Plötzlich, grelle, erschreckende Lichtfülle vor den Augen, ein unheimlich krachender Donnerschlag, der Berg scheint in seinen Grundfesten zu beben, um mich tobt die Hölle.“ Seyfried wird an der rechten Hand vom Blitz getroffen und kann kaum weiterklettern, die beiden müssen die Nacht in der Wand verbringen: „An Schlaf ist nicht zu denken, die nassen Kleider kleben am Körper; sekundenlang nicken wir ein, dann pfeifen plötzlich wieder Steine hart am Lager vorbei und erschreckend lauschen wir dem gellenden Aufschlag.“ Am nächsten Tag, dem 13. Juni 1930, schaffen sie den Durchstieg bis zum Gipfel. Ihnen gelingt damit die Erstbegehung des unmittelbaren Durchstiegs der Drusenfluh Südwand durch die große Wandschlucht, die fortan als die Stösserschlucht bezeichnet wird.

Bei ihrem Aufstieg finden Stösser und Seyfried die verwesten Leichen, eigentlich nur noch Gebeine und „vermoderte Masse“, von zwei abgestürzten Südwand-Bergsteigern: es handelt sich vermutlich um die Überreste von Karl Götsch (1923) und Hans Diechtl (1928), die beide an der Südwand abgestürzt waren und deren Leichen nicht geborgen werden konnten (mehr dazu im Kapitel „Abenteurer des Todes“).

Nach einem großen Felssturz 1950, von dem auch die Stösserschlucht betroffen wurde, ist ihre Route nicht mehr begangen worden.

—Walter Stösser: Unheimliche Südwandschlucht der Drusenfluh, in: Vorarlberg, eine Vierteljahreszeitschrift, Nr. 7, Heft 3, 1969, Seite 58 ff und Seite 61.

—Emailkorrespondenz mit Wendelin Tschugmell über Erstbegehungen in der Drusenfluh Südwand vom 3. März 2007.

—Emailkorrespondenz mit Guntram Jussel über die Toten der Südwand in den 1920er Jahren vom 27. August 2008, 14. September 2008, 18. September 2008, 4. Oktober 2008 und 22. November 2008.

DER GROSSE DRUSENTURM

Über die Südwand des Großen Drusenturms sprachen ältere Kletterer meist nur flüsternd, erinnert sich Toni Hiebeler. Am 20. August 1933 schaffen die Bregenzer Ernst Burger, Karl Bizjak und Fritz Matt die Südwand des großen Drusenturms. Ihre Route geht als der legendäre „Burgerweg“ mit VII. Grad in die Geschichte der Rätikon-Erstbegehungen ein. Dazu Hiebeler: „Ernst Burger, ein kleiner, bescheidener Mann aus Bregenz, kannte weder Reibungskletterschuhe, noch Cliffhänger oder Friends und schon gar nicht Magnesia. Eingeweihte wissen heute, dass am Großen Drusenturm eine glänzende Seite der Geschichte des Extrembergsteigens geschrieben worden war.“ Ernst Burger, der mit der Bergsteigerin und Heimatlieder-Komponistin Nanni Seeber (schon früh dem BDM beigetreten) verheiratet war, bekommt für seine Leistungen bei den vielen Ersteigungen im Rätikon den Ehrennamen „Bürgermeister der Südwand“.

Burger bestieg 90 Viertausender und konnte zahlreiche Erstbegehungen verbuchen.

—Toni Hiebeler: Rätikonwände im Wandel der Zeit, in: Der Bergsteiger, 1983, Heft 5, Seite 8.
—Ernst Burger: Der Bürgermeister der Südwand – von der ersten Durchsteigung der Südwand des großen Drusenturms, in: Berge und Heimat, Jg. 8, 1953, Seite 208-213.
—Nachruf auf Ernst Burger 1910 – 1999, in: Bergfreund, 1999, Jg. 51, Seite 15.
—Manfred Stoppel: Uns wächst eine herrliche Jugend heran! Books on Demand, 2004, Seite 130.

CHRISTIAN ZUDRELL UND DIE DRUSENFLUH

Die Erstbesteigung der Drusenfluh, die bei den Einheimischen Gamsfreiheit oder Schneebauer hieß, geht auf das Konto des Schrunser Bergführers Christian Zudrell. Am 14. August 1870 steht er alleine auf der ersten von vier Kammspitzen der Drusenfluh. Es ist ungefähr zwei Uhr nachmittags. Er besteigt nun nacheinander die übrigen drei Kammspitzen und findet nirgends Spuren einer früheren Besteigung. Er errichtet ein Steinmännchen und meißelt seine Signatur und die Jahreszahl in den Fels ein.

Zudrell war der Sohn eines Schmieds und von Beruf Holzschnitzer. Noch Blodig berichtet, dass man ihm aber nicht geglaubt habe, ja man habe ihm ins Gesicht gesagt, er sei nie auf der Drusenfluh gewesen. Zudrell habe immer geantwortet: wer hinaufkommt, wird sehen, dass ich die Wahrheit sage. Und tatsächlich: als Blodig zusammen mit seinem Freund Eugen Sohm 1888 die Drusenfluh besteigt, finden sie auf dem Gipfel die in den Fels eingemeißelte Signatur: CZ70. Blodig schrieb an Zudrell eine Glückwunsch-Karte, auf die er nur CZ70 hinmalte! Der Stein mit Zudrells Signatur wurde 1995 wegen zunehmender Erosion heruntergeholt und ist heute bei der Lindauer Hütte zu sehen.

Zudrell war als Bergführer auch der Begleiter des berühmten englischen Bergsteigers und Präsidenten des englischen Alpine Club, John Percy Farrar aus London, den er z.B. auf die Zimba führte. Er führte aber auch John Sholto Douglass bei der ersten touristischen Begehung des Schwarzhorns 1868.

Es gab auch eine Verbindung zwischen Vanda Douglass, der Witwe von John Sholto Douglass, und den Zudrells in Schruns. 1876 besucht sie das erste bekannte Zivilbegräbnis Vorarlbergs in Schruns, wo Johann Josef Zudrell (er galt als der Montafoner Franz Michael Felder) im ersten zivilen Begräbnis, d.h. ohne kirchliche Weihen, zu Grabe getragen wurde. Er war der Vater von Christian Zudrell.

—Karl Blodig: Wanderungen im Rätikon, in: Zeitschrift des Deutschen und Österreichischen Alpenvereins, Bd. 31, 1900 Seite 296.
—Hermine Flaig: Von den Anfängen der Touristik, in: Montafoner Heimatbuch, Schruns 1974, Seite 362 und 364.
—Gernot Kiermayr-Egger: Zwischen Kommen und Gehen. Zur Sozial- und Wirtschaftsgeschichte des Montafons, Schruns 1992, Seite 91.
—Emailkorrespondenz mit Andreas Brugger, Montafon Archiv, Montafoner Heimatmuseum Schruns, vom 29. 1. 2008.
—Christian Zudrell: Die Ersteigung der Drusenfluh 1870, in: Vorarlberg, eine Vierteljahreszeitschrift, Nr. 7, Heft 3, 1969, Seite 57.

KLETTERN DAMALS UND HEUTE

Heute kann sich niemand mehr vorstellen, wie die Rätikon-Alpinisten früher ausgerüstet waren, nämlich fast gar nicht. Toni Hiebeler berichtet von seiner „Burgerweg“-Tour zusammen mit Hans Franzoi im Jahr 1948: „Unser Burgerweg-Proviant bestand aus einer Handvoll Grießzucker. Hans kletterte barfuß, ich in Dachdeckerschuhen mit Hanfsohlen“. Und zu seiner Erstbegehung der Direkten Sulzfluh Südwand zusammen mit dem Feldkircher Franz Bachmann 1949 merkt er an: „Weil es damals aber noch keine Biwaksäcke zu kaufen gab, nahmen wir Unmengen von Papier mit, denn von unseren Vätern, die im Krieg waren, wussten wir, dass Papier gut gegen Kälte schützt.“

Der Bregenzer Ernst Burger läutete in den 1930er Jahren die Ära des VII. Grades im Rätikon ein. In den 1980er und 1990er Jahren steigerten sich Schweizer und Vorarlberger Kletterer (z.B. Beat Kammerlander, Guntram Salomon oder Wilfried Amman) auf den IX. Grad und bald wird die Frage auftauchen: was kommt jetzt?

—Toni Hiebeler: Eroberungen im Rätikonfels, in: Vorarlberg, eine Vierteljahreszeitschrift, Nr. 7, Heft 3, 1969, Seite 71.
—Toni Hiebeler: Rätikonwände im Wandel der Zeit, in: Der Bergsteiger, 1983, Heft 5, Seite 7.
—Guntram Jussel: Berge und Menschen – ein alpines Lesebuch Bludenz 1995, Seite 41, 152 und 180.

— „Kirchli“ und Drusenfluh Süd —

DREI TÜRME

ZINNEN AUS STEIN: LINDAUER HÜTTE – GROSSER TURM 2.830 m – LINDAUER HÜTTE

DREI TÜRME

DIE ROUTE

Für Günther Flaig sind die Drei Türme das schönste Bergmassiv des Rätikon – und es gibt einen einfachen Anstieg in diese Wunderwelt der Felsen. Der Aufstieg beginnt bei der Lindauer Hütte: auf dem Drusentorweg geht es bis zu einer markanten und beschilderten Weggabelung, links zum Drusentor, rechts zu den Drei Türmen (rot beschrifteter Felsblock).

Danach beginnt der Kampf mit dem inneren Schweinehund. War der bisherige Drusentorweg schon steil, so wird es nach der Weggabelung wirklich steil. Nie kommt ein Stück, das etwas flacher ist, wo man sich etwas erholen könnte, immer steil hinauf. Dafür wird man mit einer Landschaft belohnt, die ihresgleichen sucht. Es ist die reine Magie des Steins. In allen Schattierungen von Grau. Du bist allein mit dem Stein.

Er spricht zu dir, wenn du die Antennen dafür hast. Was er erzählt, reicht tief in die Vergangenheit zurück, denn hier oben ist alles noch so wie vor langer, langer Zeit. Zunächst steigt man über einen recht guten Weg, dann über groben Schotter, bis man wieder auf einem besseren Pfad weitergehen kann. Man schlängelt sich durch die bizarre Steinwüste, als Orientierungspunkt dient ein mächtiger Felssolitär, der Sporaturm. Hebt man den Blick, fallen einem die Drei Türme fast auf den Kopf, so nahe sind sie. Der Kleine Turm schaut aus wie ein finsterer Finger des Bösen aus dem „Herr der Ringe“. Zumindest dann, wenn von hinten dunkle Nebelfetzen den Gipfel umhüllen und den Stein fast schwarz glänzen lassen.

Man gelangt nun zu einer Steilstufe zwischen Kleinem Turm und Sporaturm. Hat man die hinter sich (von hier Tiefblick bis hinunter zur Lindauer Hütte), steht man am Fuße des Sporatobels, einem steilen, wenig einladenden Kar, einer Steinmulde aus Geröll und Schrofen zwischen dem Kleinen und Mittleren Turm. Nun verliert sich die Wegspur zeitweise, im nächsten Augenblick kann man sich aber wieder an sichtbaren Steigspuren orientieren. Die Textur der Steine drückt jetzt etwas aufs Gemüt. Hier ist Mordor. Das Kar will nicht enden. *Epitaph* von King Crimson könnte als Soundtrack über diesem Tobel schweben. Zum Glück sieht man die Schulter, die Einsattelung des Kars und einige Drahtseile erleichtern den Aufstieg auf den letzten Metern dorthin. Wenn man dann dort oben steht, hat man es fast geschafft.

Auf der Schulter angekommen, hält man sich rechts (links geht's zum Kleinen Turm, den man aber klettern muss, will man ihn besteigen). Der Steig führt weiter zum Schuttanstieg auf den Großen Turm, der im Zickzack hinauf zum Gipfel des Großen Drusenturms führt. Endlich! —

ROUTENINFOS:

Lindauer Hütte – Drusentorweg – Steig zum Großen Drusenturm – Sporatobel – Großer Drusenturm – Drusentorweg – Lindauer Hütte

ART: Wanderweg, unmarkierter Steig (Steinmännchen)
HÖHENMETER AUFSTIEG: Lindauer Hütte/Großer Drusenturm ca. 1.100 m
DAUER/GEHZEIT: gesamt ca. 8 h – 8,5 h, Golmerbahn Bergstation/Lindauer Hütte ca. 1,5 h, Lindauer Hütte/Großer Drusenturm ca. 3 h – 3,5 h, Großer Drusenturm/Lindauer Hütte ca. 1,5 h, Lindauer Hütte/Latschau ca. 2 h
ÜBERNACHTUNG: die Tour ist je nach individueller Gehgeschwindigkeit doch sehr lange und anstrengend, eine Übernachtung auf der Lindauer Hütte empfiehlt sich, sodass man sich zumindest den Weg durchs Gauertal auf den nächsten Tag aufsparen kann.
AUSRÜSTUNG: gute Bergschuhe, Wanderstöcke, Sonnenschutz, Kopfbedeckung, Wasser
AUSSICHT: Sulzfluh, Drusenfluh, Drusentor, Prättigau, Bündner Bergwelt, Silvretta Verwall
GIPFEL: Drei Türme
EINKEHRMÖGLICHKEIT: Lindauer Hütte, bewirtschaftet von Ende Mai bis Mitte Oktober
SEHENSWERT: Alpengarten bei der Lindauer Hütte
BESTE WANDERZEIT: Juni, Juli, August, September
ÖFFENTLICH: Regionalzug Bludenz nach Schruns, Ortsbus 1 von Schruns nach Latschau zur Golmerbahn www.golm.at, Fahrplan: www.vmobil.at
KARTE: Vorarlberg Atlas auf http://vogis.cnv.at

— Kleiner Turm: ein Hauch von Mordor —

BLODIG AUF DEM GROSSEN TURM 1887

„(...) Über Geröll und Schneefelder erreichte ich schliesslich um zehn Uhr mühelos den Gipfel des „Höchsten Thurmes“ und fand oben eine leere Weinflasche und Reste einer Signalstange. Dieselben dürften von den seiner Zeit bei der Mappierung beschäftigten Leuten herrühren, da weder in den Bregenzer alpinen Kreisen, noch in den am Fusse des Gebirgsstockes gelegenen Ortschaften etwas über eine Besteigung des Berges bekannt war.“

—Karl Blodig: Wanderungen im Rätikon, in: Zeitschrift des Deutschen und Österreichischen Alpenvereins, Band 31, 1900, Seite 288/289.

SCHNEE IM GAUERTAL: ERNEST HEMINGWAY

Hemingway verbrachte 1924 und 1926 zwei Winter im Montafon. Im Roman „Schnee auf dem Kilimandscharo“ nimmt er Bezug auf das Gauertal, das zu den Rätikonfelsen führt. Hemingway unternahm einige Schitouren zur Lindauerhütte. Davor traf er sich meist mit den Holzfällern in der alten Sägemühle oberhalb von Schruns am Eingang zum Gauertal.

„Es war auch Schnee, der die ganze Weihnachtswoche hindurch in jenem Jahr oben im Gauertal fiel, in jenem Jahr, in dem sie in der Holzfällerhütte wohnten mit dem großen viereckigen Kachelofen, der die Hälfte des Zimmer einnahm, und wo sie auf Matratzen schliefen, die mit Buchenblättern gefüllt waren, damals als der Deserteuer mit blutigen Füßen durch den Schnee kam. Er sagte, die Polizei wäre dicht hinter ihm her, und sie gaben ihm wollene Socken und hielten die Gendarmen im Gespräch auf, bis die Spuren verweht waren.“

—Günther J. Wolf: Paradies ohne Wiederkehr, Hemingway im Montafon, Bludenz 2000, Seite 52.

—Hemingway im Montafon, in: Das Montafon und seine Berge, 1983, Seite 39 – 42.

—Guntram Jussel: Hommage au Montafon – eine Liebeserklärung, in: Bludenzer Geschichtsblätter, 1995, Heft 24-26, Seite 59.

— Drei Türme —

ABENTEURER DES TODES

In den 1930er Jahren hatte die Drusenfluh Südwand einen dunklen Nimbus, sie forderte Tote und Verletzte. Zwischen 1923 und 1929 gab es drei tote Bergsteiger. Einer davon wurde in einem „Felsengrab" in der Wandschlucht bestattet, weil man ihn nicht bergen konnte, einen hat man überhaupt nicht gefunden. Wer die „gewaltige Felsburg" geschafft hatte, wurde in den Rätikon-Hütten als „Abenteurer des Todes" (Toni Hiebeler) bestaunt.

DIE TOTEN DER DRUSENFLUH SÜDWAND

1923

Karl Götsch und Max Perlhefter: am 8. August 1923 kommen die beiden Feldkircher im oberen Teil der Wand vom Weg ab. Perlhefter rutscht im Seilquergang am Seil, Götsch verliert aus unbekanntem Grund den Halt und fällt an Perlhefter vorbei aus der Wand in die Stösserschlucht. Aus dieser Schlucht konnte die Leiche von Karl Götsch mit damaligen Mitteln nicht geborgen werden. Er wurde deshalb in einem Felsengrab beerdigt, d.h. der Tote wurde an der Fundstelle von einem Mann des Rettungsteams mit Steinen bedeckt und vom Wandfuß aus durch den Zimbapfarrer Gebhard Wendelin Gunz „eingesegnet".

Sein verletzter Freund und Seilpartner, der Feldkircher Kaufmann Max Perlhefter, blieb zwei Tage lang in der Wand, er hatte sich vom durchlaufenden Seil Verbrennungen an der Innenhand zugezogen. Perlhefter wurde aber vom Rettungsteam gefunden und, statt ihn bis zum Wandfuß abzuseilen, nach oben gebracht, weil das der kürzere Weg war. Zusammen mit den Helfern stieg er dann über die Blodigrinne zur Nordseite ab – er überlebte.

Vier Tage später schreibt das anitsemitisch ausgerichtete Vorarlberger Volksblatt, dass sich Perlhefter nur dadurch retten konnte, indem er das Seil zu seinem Partner durchgeschnitten habe. Eine schlimme Verleumdung, denn das geborgene Seil wies keinerlei Schnittspuren auf.

Max Perlhefter, der ein begeisterter Bergsteiger war, wurde später wegen dem sogenannten Arierparagraph aus dem Deutsch-Österreichischen Alpenverein ausgeschlossen (Quelle: Interview von Werner Dreier mit den Kindern von Max Perlhefter in Jahre 1988). Für Perlhefter war dieser antisemitisch motivierte Ausschluss ein Schock.

1928

Hans Diechtl: am 15. August 1928 kommt er im Alleingang im oberen Drittel vom Strubichweg ab und lässt unter einem großen Überhang seinen Rucksack zurück, den Stösser/Seyfried zwei Jahre später bei ihrer Erstbegehung 1930 wahrscheinlich finden. Beim Versuch, den Überhang zu überwinden, stürzt Diechtl in die damals noch unzugängliche Südwandschlucht ab, in der schon Götsch lag.

Sein Leichnam wurde nicht gefunden. Rucksackreste und Ausrüstungsgegenstände wurden später in diesem Bereich gefunden: sie werden von Karl Fritz/Herbert Sohm (sechste Begehung 1928), von Stösser (achte Begehung 1930) und Leo Maduschka (elfte Begehung 1932) bestätigt.

Am 27. Juli 1930 eröffneten die Innsbrucker Karl Kleinhans/Franz Stoll zu Ehren des in Zirl/Tirol geborenen Hans Diechtl den „Diechtl-Gedächtnis-Weg" über den großen Südwandpfeiler direkt zum Hauptgipfel.

1929

Peter Schretter: am 6. Oktober 1929 versucht er die siebte Begehung und stürzt am Nachmittag aus der Wandmitte heraus aus 300 m Höhe ab. Er konnte am Wandfuß nur noch tot geborgen werden und wurde drei Tage später auf dem Friedhof in Tschagguns beerdigt.

—Walter Stösser: Unheimliche Südwandschlucht der Drusenfluh, in: Vorarlberg, eine Vierteljahreszeitschrift, 1969, Nr. 7, Heft 3, 1969, Seite 58 ff. Vorarlberger Volksblatt, 12. August 1923, Seite 3.

—Werner Dreier: Max Riccabona im KZ Dachau – Worüber er nicht schreiben konnte, auf: www.malingesellschaft.at

—Zum Arierparagraph im Österreichischen Alpenverein siehe www.wikipedia.de

—Guntram Jussel: Berge und Menschen – ein alpines Lesebuch, Bludenz 1995, Seite 41.

—Emailkorrespondenz mit Guntram Jussel über die Toten der Südwand in den 1920er Jahren vom 27. August 2008, 14. September 2008, 18. September 2008, 4. Oktober 2008, 30. Oktober 2008 und 22. November 2008.

—Guntram Jussel: Erlebnis Alpenvereinsgeschichte „Section Vorarlberg" – Douglass, Jehly & Co, in: Bludenzer Geschichtsblätter, Heft 85, 2007, Seite 19.

IN DER WAND GEBLIEBEN

Götsch, Diechtl und Schretter stürzten an der Drusenfluh Südwand zu Tode. Die Leiche von Götsch wurde in der Südwandschlucht (der so genannten Stösserschlucht) in einem Felsengrab bestattet. Die Leiche von Diechtl konnte nie gefunden werden. Schretters Leiche wurde geborgen.

Stösser/Seyfried finden bei ihrer achten Begehung der Südwandschlucht 1930 einen wenige Meter langen Strick, Gebeinsreste, eine Masse, die einst ein Mensch gewesen ist und einen Seilring um bleiche Knochen bzw. Karabiner und Haken. Sie finden auch die Überreste eines Rucksacks und Ausrüstungsgegenstände, was von Karl Fritz/Herbert Sohm (sechste Begehung 1928) und von Leo Maduschka (elfte Begehung 1932) bestätigt wird.

Ob die Toten (Götsch und Diechtl), auf deren Überreste zuerst Karl Fritz/Herbert Sohm (1929) und dann Stösser/Seyfried (1930) gestoßen sind, am Fundort gestorben sind oder nicht, kann nicht mehr bestimmt werden. Die Wahrscheinlichkeit, dass sie weiter oben abgestürzt sind, ist groß. Die Schuttrinne, in der sie lagen, war vielleicht nur eine Zwischenstation auf dem Weg nach unten (ein Wettersturz kann solche Rinnen durchspülen).

1948/50 gab es große Felsstürze und die Stösserschlucht wurde nicht mehr begangen. Guntram Jussel meint, dass diese Felsstürze vermutlich auch die Überreste der Toten in der Südwandschlucht an den Wandfuss und unauffindbar weiter nach unten befördert haben.

—Emailkorrespondenz mit Guntram Jussel über die Toten der Südwand in den 1920er Jahren vom 27. August 2008, 14. September 2008, 18. September 2008, 4. Oktober 2008, 30. Oktober 2008 und 22. November 2008.

DA, OH GRAUEN!

Bei ihrer Erstbegehung der Drusenfluh Südwandschlucht (direkte Südwandroute) 1930 entdecken Walter Stösser und Ernst Seyfried kurz nach dem Wandeinstieg, in einem Kamin, ein wenige Meter langes, vermodertes Seil, an beiden Enden ausgerissen. Etwas weiter oben stoßen sie auf gebleichte Menschenknochen, ein Wirbel, eine Elle.

Nach einer überhängenden Stufe schließlich ein neuerlicher Schock: „Da – o Grauen! – fällt mein Blick auf eine vermoderte, verweste Masse, die ein Mensch gewesen ist! Dort liegt, wenige Meter von uns in der Schlucht über dem soeben umgangenen Überhang das Übriggebliebene eines Menschen. (...) Noch legt sich der Seilring um die gebleichten Knochen, Karabiner und Haken klirren leise aneinander – wie das Läuten eines Totenglöckleins (...)."

„Wo sind wir? Jedenfalls nicht auf dem Weg Strubichs. Wir sind dort, wo die Toten liegen, die Toten, die nicht geborgen werden konnten, weil kein Weg zu ihnen führte!"

Noch weiter oben finden sie einen Rucksack: „(...) bei der Berührung zerfällt die Hülle in Staub, zeigt eine Blechbüchse, eine Feldflasche, ein Paar Nagelstiefel."

Vermutlich bezieht sich Stösser hier auf das Unglück von Götsch/Perlhefter (1923) und Diechtl (1928) in der Südwand. Stösser schrieb 1930 einen Bericht über seine Erstbegehung und den grausamen Fund. Dieser Bericht wurde 1969 in der Zeitschrift „Vorarlberg" unreflektiert wieder abgedruckt und mit Ausschmückungen versehen. Guntram Jussel meint dazu: Die Angaben Stössers von 1930 seien, sieben Jahre nach dem Vorfall Götsch/Perlhefter, mit großer Zurückhaltung zu sehen.

—Walter Stösser: Unheimliche Südwandschlucht der Drusenfluh, in: Vorarlberg, eine Vierteljahreszeitschrift, Nr. 7, Heft 3, 1969, Seite 61 und 64.

—Emailkorrespondenz mit Guntram Jussel über die Toten der Südwand in den 1920er Jahren vom 27. August 2008, 14. September 2008, 18. September 2008, 4. Oktober 2008, 30. Oktober 2008 und 22. November 2008.

ERINNERUNGSTAFELN AM DRUSENTOR

Auch später noch gab es Tote. Beim Felsdurchgang am Drusentor hängen drei Tafeln, die an abgestürzte Bergsteiger erinnern: an Hans Diechtl, der wie schon erwähnt 1928 an der Drusenfluh Südwand abstürzte, an Walter Pümpel, der 1958 am Mittleren Drusenturm abstürzte, sowie an Manfred Hämmerle und Roman Wüstner 1965 (nicht näher bezeichnet, wo sie abstürzten).

— Drusenfluh Kletterwand, beim Schweizertor —

SULZFLUH

AUF WEISSEM FELS: TSCHAGGUNS/GRABS – SCHWARZHORNSATTEL – TILISUNAHÜTTE 2.211 m – SULZFLUH 2.818 m – TILISUNAHÜTTE – SCHWARZHORNSATTEL – GRABS/TSCHAGGUNGS

SULZFLUH

DIE ROUTE

Vom Berggasthof Grabs entlang des Schleppliftes steil hinauf bis zur Forststraße zur Alpila Alpe. Relativ langweiliger Weg. Erst über der Alpe wird die Strecke interessanter. Man bekommt einen ersten wunderbaren Weitblick auf die Sulzfluh und die Drei Türme.

Nun geht es auf bequemem Pfad durch eine hinreißende Landschaft weiter bis hinauf zum Tobelsee, dem ersten Höhepunkt der Wanderung. Im Wasser des kleinen Sees spiegeln sich an schönen Tagen die Drei Türme.

Vom Tobelsee steil aufwärts bis zum Schwarzhornsattel. Die letzten 100 Meter zum Sattel verlaufen horizontal und erinnern an einen geheimnisvollen Schmugglerpfad. Vor sich hat man die schlanke, elegante Spitze des Schwarzhorns aus dunklem vulkanischem Gestein. Auf dem Sattel selbst dann der tiefe Blick hinein ins Gampadelstal und auf den weiteren Wegverlauf Richtung Tilisunahütte mit dem markanten Tilisuna Seehorn.

Vom Sattel bis zur Hütte ist es reines Genusswandern. Ab der Hütte dann wieder recht steil über Rasen hinauf. Links sieht man durch die Lücke des Grünen Fürkeles die gigantischen Westabstürze der Weißplatte/Scheienfluh. Unvermittelt und plötzlich steht man dann an der Grenze zur Sulzfluh, betritt mit einem Schritt den Rücken aus weißem Kalk.

Man geht nun über die weißen Platten des breiten Hochrückens, auf einem der größten Gipfelkarrenfelder der Alpen (Walther Flaig). Es ist, als ob die Gegend nicht von dieser Welt wäre. Weiße Landschaft, ganz aus Stein. Direkt vor dir lockt der Gipfel der Sulzfluh mit dem mächtigen Gipfelkreuz. Doch der Weg ist noch weit.

Es geht links hinab durch die Karrenmulde und auf der gegenüberliegenden Seite in Serpentinen hinauf zum Karrenkamm. Der Charakter der Fluh ändert sich hier schlagartig: vorher noch weiße, gut begehbare und freundliche Plattenfelsen, jetzt grober Schutt und harter Stein. Grau in grau. Gehen wie in einer Mondlandschaft. Von rechts zieht der Weg vom „Rachen“ von der Lindauer Hütte herauf. Du kannst beinahe spüren, wie der „Rachen“ faucht und dich verschlingen will. Besonders an verhangenen Tagen wirkt die ganze Szenerie doch etwas trostlos, ja fast schwermütig. Nirgends ein Flecken Grün. Alles Grau. Sogar der Himmel musiziert heute nur in Moll. Der Gipfel will nicht näher kommen und der Karrenkamm zieht sich und zieht sich.

Schließlich steht man dann doch vor dem Firnfeld unterhalb des Gipfels. Nun nochmals steil hinauf in einer Linkskehre auf den Sulzfluh-Gipfel auf 2.818 m. Das Gipfelkreuz steht auf dem höchsten Punkt und grüßt selbstbewusst in alle Himmelsrichtungen. Kurz reißen sogar die Nebelfetzen auf. Und für Augenblicke knallt das volle Panorama. Unschlagbar!

Retour auf dem gleichen Weg zur Tilisunahütte. Kurz vor dem Abstieg in die Mulde sehen wir auf steilen Grasflecken an den Südostabstürzen der Sulzfluh vier Stück Jungsteinwild. Sie grasen friedlich und lassen sich durch nichts stören. Von der Tilisunahütte über den Schwarzhornsattel, Tobelsee und die Alpila Alpe zurück nach Grabs. —

ROUTENINFOS:

Berggasthof Grabs/Tschagguns – Alpila Alpe – Tobelsee – Schwarzhornsattel – Tilisunahütte – Sulzfluh – Tilisiunahütte – Schwarzhornsattel – Tobelsee – Alpila Alpe – Berggasthof Grabs/ Tschagguns

ART: Wanderweg, ab Sulzfluh Steinpfad

HÖHENMETER AUFSTIEG: von Grabs ca. 1.400 m

DAUER/GEHZEIT: gesamt ca. 8 h – 9 h, von Grabs zur Tilisunahütte ca. 3 – 3,5 h, von der Tilisunahütte auf den Sulzfluh Gipfel ca. 2 h, retour zur Tilisunahütte ca. 1,5 h, retour von der Tilisunahütte nach Grabs ca. 2,5 h

ÜBERNACHTUNG: die Tour ist je nach individueller Gehgeschwindigkeit doch sehr lange und anstrengend, eine Übernachtung empfiehlt sich.

A) Im Berggasthof Grabs. Vorteil: man kann mit dem eigenen PKW zum Gasthof fahren und ist am Abend nicht auf den letzten Bus (17:00) angewiesen, den man kaum schafft. Nachteil: lange Tour, ca. 8 h – 9 h

— Tobelsee —

B) Auf der Tilisunahütte. Erster Tag Grabs bis Tilisunahütte gemütliche 3 – 3,5 h. Zweiter Tag Tilisunahütte – Sulzfluh und retour 3,5 h und Tilisunahütte retour nach Grabs 2,5 h. Zweiter Tag gesamt: 6 h. Variante B ist gut mit den angebotenen Buszeiten nach Grabs machbar

ROUTENVARIANTE: Lindauer Hütte über Bilkengrat oder Rachen auf die Sulzfluh

AUSRÜSTUNG: gute Bergschuhe, Wanderstöcke, Sonnenschutz, Kopfbedeckung, Wasser

AUSSICHT: beinahe Rundum-Panorama, Weißplatte N/Scheienfluh S, Schesaplana, Drusentor, Drusentürme, Drusenfluh, Schwarzhorn, Madrisa, Silvretta

ERSTBESTEIGUNG: 1783 durch die Prättigauer Pfarrherren Johann Baptista Cattani und Luzius Pol

EINKEHRMÖGLICHKEIT: Berggasthof Grabs ganzjährig geöffnet, Tilisunahütte Mitte Juni bis Mitte Oktober geöffnet

BESTE WANDERZEIT: Juni, Juli, August, September

ÖFFENTLICH: Grabser Bus von Schruns oder Tschagguns Gemeindeamt zum Berggasthof Grabs, Fahrzeiten unter www.grabs.at, erster Bus Schruns ab 8:00, Berggasthof Grabs an 8:23, letzter Bus ab Berggasthof Grabs nach Schruns 17:00

KARTE: Vorarlberg Atlas auf http://vogis.cnv.at

TILISUNAHÜTTE

Mit dem Bau auf der Tilisuna Alpe wurde 1877 begonnen. Am 15. September 1878 wurde die Hütte feierlich eröffnet. Nach mehreren Umbauphasen wurden 1995 Teile der Hütte abgerissen und machten einem Neubau Platz. Die Tilisunahütte ist im Besitz des ÖAV.

Die ersten Hüttenwirte beklagten sich über andauernde Schwierigkeiten mit den Finanzern, denn sie besserten ihren schmalen Verdienst regelmäßig mit Schmuggeln auf, oder kauften zumindest geschmuggelten Kaffee und Zucker billig an. Und noch 1931 teilte das Finanzamt Feldkirch dem Alpenverein mit, dass der Hüttenpächter selbst einen Teil des geschmuggelten Kaffees und Zuckers von den Schmugglern angekauft habe.

—Guntram Jussel: Berge und Menschen – ein alpines Lesebuch, Bludenz 1995, Seite 68 – 72.

—Peter Strasser: Montafoner ReiseBilder, Montafoner Schriftenreihe 10, Schruns 2003, Seite 54.

DER NAME TILISUNA

Der Begriff Tilisuna ist inhaltlich noch nicht erschlossen. Der Wortstamm dili/tili bedeutet aber rätoromanisch-montafonerisch „Dachboden". Der Begriff „Veltlin" erscheint im 13. Jahrhundert als „Tiline vallis". Das Tilisunafürkele (Übergang in den Prättigau) war früher als Schmugglerroute bekannt.

—Guntram Jussel, Emailkorrespondenz über die Namensbedeutung von Tilisuna, vom 1. September 2008.

DER NAME SULZFLUH

„Sulz" bedeutet Salzlecke, salzige Stelle an Felsen, die von Gemsen aufgesucht wird oder breiartiger, halb geschmolzener Schnee. Er kann sich aber auch auf die Alpe Sulz, die auf Schweizer Seite liegt, beziehen.

—Josef Zösmair: Die Bergnamen Vorarlbergs, Dornbirn 1923, Seite 33.

—www.hvfl.li/namenbuch

SULZFLUH ERSTBESTEIGUNG

Belegt ist die erste Besteigung durch die Prättigauer Pfarrherren Johann Baptista Catani und Luzius Pool im Jahr 1783. Der Jäger Tschol aus Schruns scheint 1862 auf den Gipfel gestiegen zu sein. 1864 führte er den Adjunkten Linser aus Dornbirn auf den Sulzfluh-Gipfel (durchs Gampadelstal und über die Tilisuna Alpe).

Es ist anzunehmen, dass die Sulzfluh über Tilisuna und den Gemstobel aber schon sehr viel früher besucht und bestiegen worden ist. Noch auf Karten im 19. Jahrhundert heißt das Gebiet zwischen Kleiner Sulzfluh und Hauptgipfel „Weißer Wand Ferner".

—G. und W. Flaig: Rätikon, München 1966, Seite 305.

—http://vogis.cnv.at

DER TOTE SENN

Auf der Alp Alpila, da kehrte vor altem oft ein Jäger beim Senn zu und hat übernachtet. Dann zündeten sie ein Spanlicht an und hatten das Gespräch über die Regierung und den Weltlauf, und auch mit der Religion hatten sie es oft. Jedesmal ist der Senn dann fast er-

— Schwarzhornsattel und Schwarzhorn —

— Sulzfluhgipfel, 2.818 m —

wildet und rief im Zorn: „Mach mir keine Märlein vor, nach dem Tod ist alles aus."

Nach vielen Jahren - der Senn war schon gestorben – mußte der Jäger wieder einmal in der Alpe nächtigen. In der Nacht wurde er nicht gar höflich aufgestört, und der Senn stand vor seiner Pritsche und sagte: „In der Hütte kannst du hienacht nicht bleiben." Da entgegnete der Jäger: „Wie soll ich in die stockdunkle Nacht hinaus? Ich find den Weg doch nicht und kann höchstens erfallen." Darauf der Senn: „Lug du, daß du weiter kommst. Auf den Heimweg will ich dir schon zünden, daß du hell genug hast."

Aber der Jäger ist nicht auf von der Pritsche, sondern erinnerte den Senn an frühere Freundschaftlichkeiten und Gespräche. Der Senn war ziemlich kurz: „Leben aus, Freundschaft aus. Nach dem Leben ist nicht alles aus! Pack dich jetzt zum Loch hinaus." Auf das hat sich der Jäger da zuweg gelassen und vor ihm her war es wie eine feurige Säule. Und die Kneisten und Funken spritzten heraus, und hell war der ganze Weg, daß er jeden Grashalm sah und jedes Steinlein.

Aber gesunde Stunden habe der Jäger nach dieser Begegnung trotz seiner Schneid keine mehr gehabt.

—www.sagen.at

— Sulzfluh: stilles Steinmeer —

MIT WORTEN BERGE MALEN

John Sholto Douglass besteigt am 8./9. September 1868 zusammen mit einem Freund und dem Schrunser Bergführer Christian Zudrell an einem Tag die Sulzfluh, das Schwarzhorn und die Tschaggunser Mittagsspitze. Sein Bericht darüber in der Zeitschrift des Deutschen Alpenvereins ist ein Malen mit Worten. Bergpoesie in den damals beliebtesten Farben: Exaktheit, Idylle, Deklamation und glühende Anrufung der großen Freiheit.

— Hochrücken der Sulzfluh —

DIE GAISBUBEN AUF DER TILISUNA-ALPE

Douglass und sein Freund steigen zuerst zu den Weidegründen der unteren Tilisuna-Alpe auf, „wo ein paar schwarzaugige, zerlumpte Gaisbuben mit ihren scheckigen Herden über Stock und Stein zerstreut malerisch herumlungerten."

Douglass hatte auch ein Gewehr dabei, weil er hoffte, vielleicht ein paar Schneehühner zu schießen. Vergeblich. Über die Sulzfluh selbst, die bei den Einheimischen noch die „Sporrer-Gletscher-Spitz" hieß, poetisiert er in höchsten Tönen: „Noch einen steilen Rasenhang hinauf, den letzten und wir standen, es war gerade sieben Uhr, am Rande einer wüsten Steinfläche, ein grauer, zerklüfteter Felsengrund, von Rissen und Sprüngen durchsetzt, von Regen und Schnee Jahrhunderte hindurch zerfressen, geglättet, rein abgeleckt. Dieses Steinmeer mussten wir überschreiten. Kaum ein einziger Grashalm war darauf zu sehen."

ZUERST DAS ESSEN, DANN DIE FREIHEIT

Auf dem Gipfel fanden sie eine große Anzahl von Krügen und Flaschen und packten selbst ihre Weinkrüge aus, um sich zu stärken: „Auf der Spitze angelangt, hiess es zuerst sich niedersetzen, so bequem als es die Steine zuliessen, dann einen Weinkrug leeren und etwas dazu essen."

Dann aber deklamiert er das große Freiheitsgefühl, ohne, wie er beschwichtigt, allzu sentimental zu werden: „Beseeligend ergreift Einem ein unnennbares erhebendes Freiheitsgefühl, wenn man nach gethaner Arbeit, oftmals nach überstandener Lebensgefahr, auf himmelanstrebender Alpen-Felszinne steht und von erhabener Hochwarte aus in die herrliche Natur hinausschaut. Man findet dabei einen Theil seines Eigenen besseren Selbst wieder (...)."

Nach der Sulzfluh besteigen sie noch das Schwarzhorn (es ist die touristische Erstbegehung) und die Tschaggunser Mittagsspitze, kehren nach Schruns zurück, „vertilgen mit höchstem Wohlbehagen blaugesottene Forellen und nicht minder vortreffliche Backhähneln" und fahren schließlich „rechtschaffen müde, aber wohlzufrieden" nach Hause.

—John Sholto Douglass: Die Sulzfluh, das Schwarzhorn und die Tschaggunser Mittagsspitze im Montavon, in: Zeitschrift des Deutschen Alpenvereins, Band II, Jahrgang 1870/71, Seite 1 bis 12.

PLASSEGGEN-/GRUBENPASS

LAUTLOSES TERRAIN: ALP PARTNUN/ST. ANTÖNIEN IM PRÄTTIGAU (CH) 1.769 m – PLASSEGGENPASS 2.354 m – GRUBENPASS 2.241 m – TILISUNAHÜTTE – TILISUNA FÜRKELE 2.230 m – ALP PARTNUN/ST. ANTÖNIEN IM PRÄTTIGAU (CH)

PLASSEGGENPASS/GRUBENPASS

DIE ROUTE

Auf der Alp Partnun/Prättigau bei der Partnunstafel hält man sich rechts und geht auf einem bequemen Alpweg, der bald ansteigt und direkt auf eine Felswand zuläuft (ein Ausläufer der Scheienfluh). Der Weg macht dann einen Bogen nach links und führt über einen steilen Rasenhang hinauf zur Plasseggen Hochebene.

Hier oben ist alles ganz still. Die mächtige Südwand der Sulzfluh leuchtet in der blassen Morgensonne. Links fällt der Rücken der Scheienfluh sanft zur Hochebene hin ab, rechts wird sie von den Röbispitzen und Sarotlaspitzen gesäumt, dazwischen sitzt das Sarotlajoch, über das man nach Gargellen kommen würde.

Jetzt im Herbst dominiert die Farbe Braun. Es ist ein weiches Schreiten auf braunen Matten. Schmale Wasserläufe durchziehen da und dort die Ebene. Es könnte Indianerland sein. Niemand ist zu sehen. Ich wäre nicht überrascht, wenn mir vom Plasseggenpass herunter plötzlich ein Trupp Apachen entgegenreiten würde. Aber nur die weiß angezuckerten Felsenkämme rundum schauen dem einsamen Wanderer zu.

Leicht ansteigend führt der Fußpfad quer über die Hochebene bis hinauf zum Plasseggenpass, der mit seinem alten Grenzstein plötzlich da ist. Von hier hinunter, vorbei an einem kleinen grauen Steinhäuschen und von jetzt an immer entlang den weißen Kalkfelsen der Scheienfluh, die ihre Ausläufer wie eine kolossale Faust aufs Land legt.

Zum Grubenpass geht es wieder leicht aufwärts, dann steht man am Fuß einer Treppe aus Steinplatten. Oben auf dem Grubenpass angekommen, ein Bild aus längst vergangenen Tagen: der schmale Pfad schlängelt sich durch einen markanten Einschnitt, vorbei an einem alten Grenzhäuschen aus grau verwittertem Holz, das elegant auf einem Felsen klebt. Sind damals hier die Schmuggler heimlich vorbei?

Am Grubenpass links nach Westen würde es direkt zur Alp Partnun gehen. Wir halten uns aber rechts nach Norden, Richtung Tilisunahütte, die wir auch bald erreichen. Auf dem Weg dorthin grüßt das dunkel gewandete Schwarzhorn herüber.

Nach einer Pause auf der Hütte geht es über das Tilisuna Fürkele quasi am Fuße der Sulzfluh Ostwand hinunter zur Alp Partnun. Der Weg ist am Anfang mühsam, immer über Steinplatten und Steinverschnitte. Ab dem so genannten „Tritt“ (hier kommt der direkte Weg vom Grubenpass herunter) auf 2.044 m geht es dann aber ziemlich bequem nach Süden zuerst zum Partnunsee. Die ganze Zeit wird man linkerhand von den abenteuerlichen Westabstürzen der Scheienfluh begleitet: gefährlich wirkende Kalktürme mit Einschüssen von rot bis gelb. Das Blut gefriert.

Vom kleinen, blauen Partnunsee, auf dem ein paar Ruderboote ihre Runden drehen, sind es nur noch wenige Schritte bis zur Alp Partnun, unserem Ausgangspunkt der wunderbaren Rundtour. —

ROUTENINFOS:

Alp Partnun/CH – Plasseggen Hochebene – Plasseggenpass – Grubenpass – Tilisunahütte – Tilisuna Fürkele – Partnunsee – Alp Partnun

Mit dem Auto bis Alp Partnun bei St. Antönien im Prättigau (CH), ab Feldkirch ca. 1 h Autofahrt, letzte öffentliche Parkmöglichkeit beim Parkplatz 6 (P6), hier Tagesticket lösen, von P6 bis zur Alp Partnun ca. 15 Gehminuten, P7 und P8 dürfen nur mit einer Halbjahres- oder Jahresparkkarte benutzt werden

ART: Wanderweg, von Tilisuna Fürkele bis „Tritt“ Steinpfad

HÖHENMETER AUFSTIEG: gesamt ca. 600 m

DAUER/GEHZEIT: gesamt ca. 6 h, Alp Partnun/Plasseggenpass ca. 2 h, Plasseggenpass/Grubenpass ca. 1 h, Grubenpass/Tilisunahütte ca. 40 min., Tilisunahütte über Tilisuna Fürkele/Alp Partnun ca. 2 h

AUSRÜSTUNG: gute Bergschuhe, Wanderstöcke, Sonnenschutz, Kopfbedeckung, Wasser

AUSSICHT: Sulzfluh, Scheienfluh/Weißplatte, Schollberg, Riedkopf, Rotspitze, Röbispitzen, Sarotlaspitzen, Sarotlapass, Tilisuna-Seehorn, Schwarzhorn

EINKEHRMÖGLICHKEIT: Berghaus Sulzfluh/Alp Partnun den ganzen Sommer über offen, Tilisunshütte

— Grubenpass: verschwiegener Korridor —

PLASSEGGENPASS/GRUBENPASS

Mitte Juni bis Mitte Oktober geöffnet
BESTE WANDERZEIT: Juni, Juli, August, September
KARTE: Vorarlberg Atlas auf http://vogis.cnv.at

SCHMUGGLERGEBIET

Das ganze Gebiet mit den Übergängen Vieregger-pass, Sarotlapass, Plasseggenpass und Grubenpass bis hin zum Tilisuna Fürkle und zur Tilisunahütte war Schmugglerland. Speziell in der Zwischenkriegszeit und während des Zweiten Weltkriegs wurden hier Waren von der Schweiz nach Österreich geschmuggelt.

Meist lief der Schmuggel nach demselben Schema ab: Montafoner Schmuggler bestellten Waren, diese wurden von den Schweizern zur Grenze hinauf gebracht und dort auf Schweizer Seite hinterlegt. Die Montafoner Schmuggler haben die Waren dort abgeholt, das Geld hinterlegt und das Schmuggelgut über die Grenze gebracht.

Der Montafoner Zeitzeuge Helmut Juen berichtet, dass er während des Kriegs so alle vierzehn Tage in die Schweiz ging. So habe er z.B. einmal in einem Stall in der Nähe des Riedkopfs (Grenzberg zur Plasseggen Hochebene hin) Zigaretten abgeholt und sie dann über die Grenze gebracht. Er sei immer alleine gegangen in mondhellen Nächten. Und er sei immer eigene Wege gegangen, weil vom Sarotla Pass hinunter zum Plassegga immer Zöllner gewesen seien.

— Edith Hessenberger: Von Grenzüberschreitern und Grenzbewachern, in: Edith Hessenberger: Grenzüberschreitungen, von Schmugglern, Schleppern, Flüchtlingen, Schruns 2008, Seite 188 bis 191. Seite 67 bis 70.

GESCHEITERTE FLUCHT ÜBER DEN SAROTLAPASS

Im Sommer 1941 sind zwei jüdische Frauen, von denen man nicht wusste, woher sie kamen, noch wie sie hießen, beim Fluchtversuch kurz vor dem Übergang über den Sarotlapass festgenommen und verhaftet worden. Sie wurden in den Gemeindearrest von St. Gallenkirch gebracht, der so genannten „Kiecha“, und erhängten sich dort in ihrer Zelle.

Laut einer Zeitzeugin hat man sie dann nach Hohenems gebracht, um sie auf dem jüdischen Friedhof zu begraben. Die „Kiecha“ ist dieselbe Arrestzelle, in der 1938 Jura Soyfer und Hugo Ebner festgehalten wurden. Mehr dazu im Kapitel „Auf der Flucht“.

—Edith Hessenberger: Gescheiterte Grenzüberschreitungen, in: Edith Hessenberger: Grenzüberschreitungen, von Schmugglern, Schleppern, Flüchtlingen, Schruns 2008, Seite 188 bis 191.

SCHEIENFLUH/WEISSPLATTE

Die Doppelbenennung kommt von der zweifachen Namensgebung im Norden und im Süden. Die Montafoner nannten die weißen Karrenplatten „d'Wissplatta“. Die Prättigauer nannten die Fluh „d'Scheiaflua“, weil unter der Westwand der „Scheienzahn“ steht, ein riesiger schlanker, etwa 90 m hoher Felsturm, der Ähnlichkeit mit einer Haglatte aus einem Scheienzaun (heute: Scherenzaun) hat.

Das Gebiet Plasseggen/Scheienfluh ist seit 1995 Schutzgebiet und im Schweizer Bundesinventar der Landschaften und Naturdenkmäler von nationaler Bedeutung verzeichnet.

— G. und W. Flaig: Rätikon, München 1966, Seite 326.
— www.wikipedia.de

— Scheienfluh Süd —

SÄUMER, SCHMUGGLER, KRIEGER

Die Jochübergänge im Rätikon waren für den Handel, für den Schwarzhandel und fürs Militär interessant. Für Schmuggler war der zentrale Rätikon aber recht ungeeignet: über die Wände ging nichts und die wenigen Übergänge waren viel zu gut überwacht. Auch die Zöllner wussten, dass der Schmuggel erst ab der Tilisuna - Sulzfluh taleinwärts richtig losging. Dort boten sich für gute Geher viele Übergangsmöglichkeiten, um im Schutz der Dunkelheit rasch durchzukommen.

— Emailkorrespondenz mit Wendelin Tschugmell vom 5. Juli 2007 über die Bedeutung des Südwandsteigs und Schmugglerwege im Rätikon.

KRIEGER

Der Rätikon wurde in Konflikt- und Krisenzeiten immer auch in die strategischen Überlegungen der Militärs einbezogen. So zum Beispiel in den so genannten Napoleonischen Kriegen (das sind die Kriege zwischen dem revolutionären Frankreich und seinen europäischen Gegnern 1792 bis 1815). Eine Vieh- und Getreideexportsperre traf die Montafoner hart. Ihre Antwort: sie schmuggelten Kühe über die südlichen Pässe ins Egandin oder in den Prättigau. Ein Verbot der Arbeitsmigration traf die Montafoner allerdings noch härter, weil viele eben im Grenzland arbeiteten.

Als im März 1799 Graubünden von französischen Truppen besetzt wird, müssen die Montafoner reagieren und die Grenze besetzen. Auf den Pässen liegt noch meterhoch Schnee. Schneehütten werden gebaut, man kämpft mit Erfrierungen. Die Franzosen greifen übers Schlappinerjoch an, können aber zurückgeschlagen werden. Nun startet die Gegenoffensive: große Mengen an Proviant und Munition werden auf die Pässe gebracht. Dabei müssen auch Frauen und Kinder im Marsch auf das Schlappinerjoch schwere Transportdienste übernehmen. Der österreichische Angriffsplan von 1799 sieht Vorstöße über die Rätikonpässe zwischen Brand und Gargellen vor.

Graubünden wird zurückerobert. Montafoner Schützen rücken mit österreichischen Soldaten über mehrere Pässe in den Prättigau ein. Auch im Vormärz brachte das Leben im Grenzland hohes Konfliktpotanzial mit sich. Die österreichischen Behörden fürchteten revolutionäre Ideen aus der Schweiz und versuchten, die Montafoner komplett zu kontrollieren. Vor allem die Zollbeamten waren überall verhasst.

— Michael Kasper: Grenzgeschichte. Historisches zum Thema Grenze im Montafon, in: Edith Hessenberger: Grenzüberschreitungen, von Schmugglern, Schleppern, Flüchtlingen, Schruns 2008, Seite 40 bis 43.

Im Zweiten Weltkrieg schließlich verwandelte sich die Grenze in einen dramatischen Streifen Land: für die einen war sie Territorium des 3. Reiches, für die anderen (Sozialdemokraten und Juden) war sie der Weg in die Freiheit. Mehr dazu im Kapitel „Auf der Flucht“.

SCHMUGGLER

Auch die Schmuggler wollten mitschneiden. Die „Schwärzer“ (Ruß im Gesicht), wie man sie nannte, trugen in finsteren Nächten oft stundenlang Lasten bis zu 50 kg. Ihre „Kunst“ bestand darin, an den Zöllnern vorbeizukommen, bzw. sich nicht von ihnen erwischen zu lassen. Gelang ihnen das, machten sie guten Profit. Zwei ehemalige Säumerherbergen auf Gargellener Gebiet, die wohl auch als Schmugglertreffpunkt dienten, können auch heute noch besichtigt werden: das Zuggawaldhus und das Wirtshaus zum Weißen Kreuz/ Osteria da Croce bianca.

1866 endet die Säumerei, weil das österreichische Veltlin und die Lombardei ins selbständig gewordene Italien eingegliedert werden. Die Schmugglerei ging allerdings weiter. Noch 1906 schreibt J.C. Heer in seinem Reiseführer „Liechtenstein und Vorarlberg", dass die Schmuggler von der Schweiz mit schweren Ballen von Tabak, Kaffee und Zucker herüber nach Österreich steigen und dass man von manchem nächtlichen Kampf zwischen den Finanzwachen und den Schwärzern gehört habe.

Strasser verweist auch darauf, dass die Popularität der Schmuggler später für den Montafoner Fremdenverkehr instrumentalisiert wurde: Schmugglerpfade, Schmugglergeschichten der Wanderführer und Schmugglerstuben in Wirtshäusern hielten dabei als identitätsstiftendes Lokalkolorit her.

Hinzuweisen wäre noch auf die Tatsache, dass der Schmuggel während des Zweiten Weltkriegs wieder sprunghaft anstieg. In Zeiten der Rationierung und Verknappung von Lebensmitteln bot der illegale Handel über die Grenze eine bedeutende Einnahmequelle.

— Günther Gross: Die geschichtliche Bedeutung der Gebirgspässe zwischen Montafon, Paznaun und Graubünden. Innsbruck 1975, Seite 46/47.
— Oliver Benvenuti: Säumer und Fuhrleute, die Spediteure der Vergangenheit. Feldkirch 1998.
— Gernot Kiermayr-Egger: Zwischen Kommen und Gehen. Zur Sozial- und Wirtschaftsgeschichte des Montafons, Schruns 1992, Seite 101.
— Peter Strasser: Montafon – auf der Suche nach der „Eigenart" des Tales, in: Andreas Rudigier (Hrsg.): Heimat Montafon, eine Annäherung, Schruns 2007, Seite 78 und 79.
— Michael Kasper: Durchgang ist hier strengstens verboten. Die Grenze zwischen Montafon und Prättigau in der NS-Zeit 1938-1945, Seite 107, in: Edith Hessenberger: Grenzüberschreitungen, von Schmugglern, Schleppern, Flüchtlingen, Schruns 2008.

SÄUMER

Das Schlappinerjoch über der ehemaligen Säumer- und Maisäßsiedlung Gargellen spielte schon als historischer Säumerpaß eine wichtige Rolle für die Einheimischen. Hier trieb man Handel zwischen dem Montafon und dem schweizerischen Graubünden bzw. dem italienischen Veltlin.

Ein Säumerzug bestand aus zwölf, manchmal sechs Pferden. Das erste und das letzte Ross trugen eine Glocke um den Hals. Die anderen Pferde trugen Saumrollen; auf jeder Seite mit einer „Legla", einem länglichen, hölzernen Gefäß. Damit konnten Lasten bis zu 80 kg getragen werden.

Hauptsächlich wurde mit Veltliner Wein gehandelt, aber auch Korn, Reis, Honig oder ganze Viehherden wurden über den Paß transportiert. Die „Weinzieher" erhielten auf eine gewisse Anzahl von „Legla" eine „Trinklägla", das war ihr Lohn. Der Wein wurde in Schrunser Weinkellereien abgeliefert und ging von dort in die Bodenseegegend. Noch um 1830 bezog Vorarlberg einen beträchtlichen Teil seines Weinbedarfs über das Schlappiner Joch. Der Säumerhandel war für die lokale Bevölkerung eine gute Verdienstmöglichkeit.

ANTÖNIER JOCH/ GAFIERJOCH/MADRISAJOCH

DEN SCHWÄRZERN AUF DER SPUR: GARGELLEN – ST. ANTÖNIER JOCH 2.379 m – GAFIERJOCH 2.415 m – MADRISAJOCH 2.612 m – GAFIERJOCH – GARGELLEN

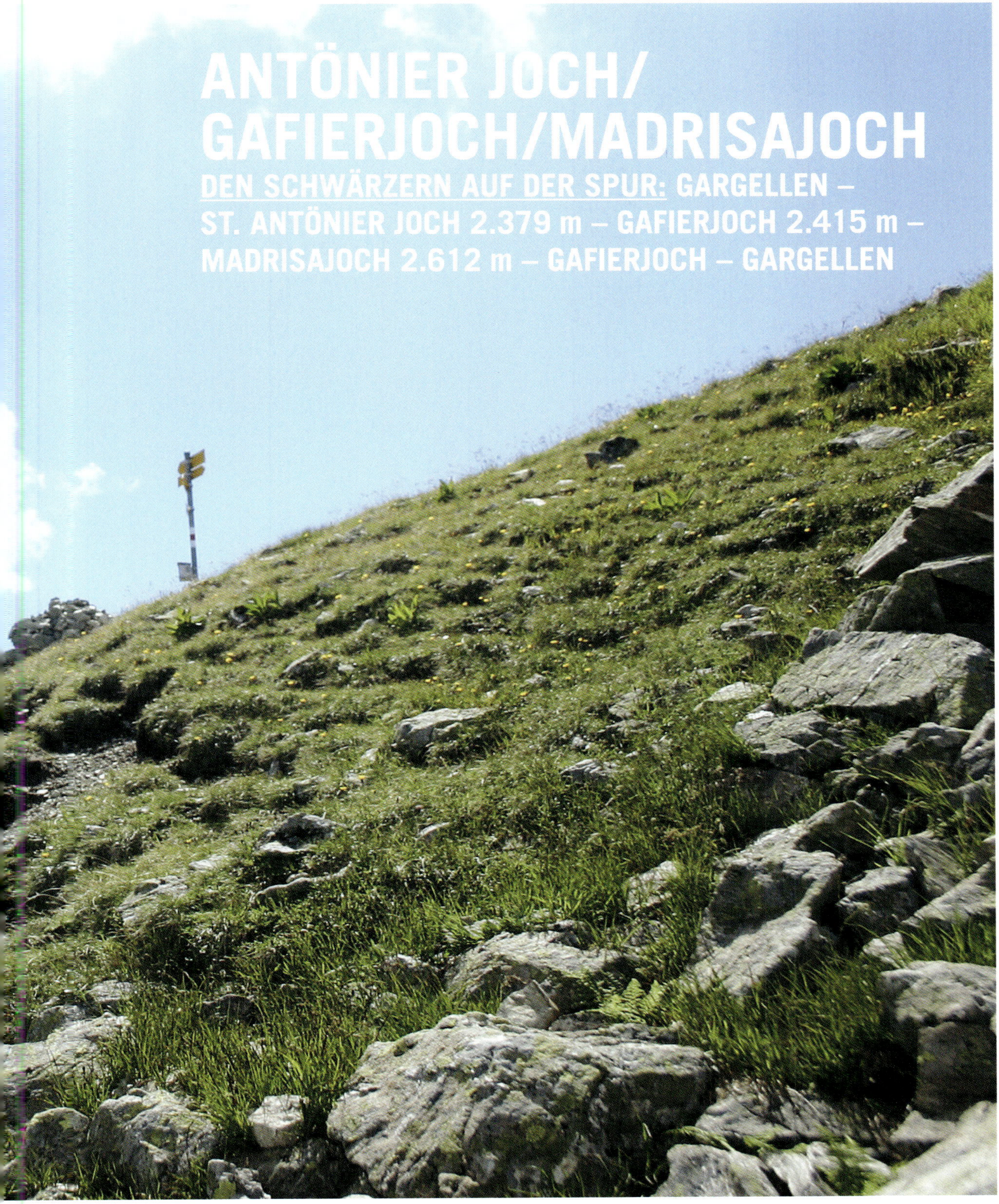

ANTÖNIER JOCH/GAFIERJOCH/MADRISAJOCH

DIE ROUTE

Von der Schafbergbahn Bergstation, deren Ästhetik im Sommer nicht jedermanns Geschmack ist, geht es zunächst aufs Antönier Joch. Unterhalb des Jochs wird man von einer Kuhherde und einigen Pferden neugierig beäugt. Nach einem kurzen, steilen Anstieg steht man auf dem Joch mit dem ehemaligen Zollhäuschen. Blick in die Schweiz.

Von hier nach Süden auf den Höhenweg zum Gafierjoch. Zunächst steil aufwärts, dann, nach einem Übergang, öffnet sich eine großzügige, grüne Weite hinaus in den Prättigau und hinunter zum Gafiersee, der wie ein kleines blaugrünes Auge mitten in der Landschaft sitzt. Das Gehen auf diesem Höhenpfad ist ein Genuss. An einem schönen Sonntag jedoch etwas frequentiert. Manchmal kommt es mir so vor, als ob ich auf dem Inka-Trail bin. Eigentlich spaziere ich aber auf einem „Schmugglerpfad", denn sowohl das Antönier Joch wie auch das Gafierjoch waren früher gefragte Schleichwege für die einheimischen Schmuggler, die man auch Schwärzer nannte (vom Ruß im Gesicht).

— Gafiersee —

Am See, in dem auch Fische schwimmen, gute Gelegenheit für eine Rast. Kontemplation ist angesagt. Das Wasser plätschert ruhig ans Ufer, das Grün der Hochweiden beruhigt das Auge.

Vom Gafiersee nun steil empor zu einem weiteren Übergang. Oben angekommen herrlicher Blick auf die Klostner Madrisa (Madrisahorn), die Rätschenfluh und das Freygebirg auf Gargellener Seite. Es geht bergab, Richtung Gafierjoch, das man bald erreicht hat.

Wer nun schon genug hat, geht vom Joch direkt zur Schafbergbahn Bergstation. Wer aber noch Lust auf etwas Abenteuer hat, hält sich vom Gafierjoch weiterhin in südlicher Richtung und schlägt den Weg zum Madrisajoch ein.

Der Trail dorthin ist Bergwandern pur. Ein schmaler, aber nie ausgesetzter Pfad ist mit Steinmännchen markiert (ansonsten keine Beschilderung). Es geht zunächst über eine Steilstufe hinauf. Dann folgt ein Plateau, das von Geröll und großen Felsblöcken bedeckt ist. Zur linken Seite, im Osten, grüßen die Steilabfälle des Freygebirges.

Von diesem Plateau aus sieht man schon das höher gelegene Madrisajoch, das zum Gebirgszug des Freygebirges gehört. Hinauf geht es auf schmalem Steinpfad, mitten durch eine grau komponierte Steinlandschaft. Wilde Zerklüftungen, aber nie gefährlich.

Auf dem Joch angekommen, spektakulärer Weitblick ins Gandatal und ins Valzifenztal. Zudem sieht man zur Linken die schwindelerregende Südwand der Gargellner Madrisa mit Gipfelkreuz. Hier oben herrscht absolute Stille. Abgeklärtheit. Ein in Stein gegossenes Madrigal für berglandschaftliche Meditation. Unheimlich faszinierend. Seltsam berückend. Eine barocke Fülle aus Stein und Fels. Leises Sein. Niemals laut.

Vom Madrisajoch könnte man, neugierig geworden, über die Gandatalköpfe bis zum Schlappiner Joch, dem eigentlichen Ende des Rätikons und der Grenze zur Silvretta, weitergehen. Wir steigen jedoch

— Weg zum Gafiersee —

zum Gafierjoch zurück und wandern von dort hinunter zur Schafbergbahn Bergstation. —

ROUTENINFOS:

Gargellen – Schafbergbahn Bergstation – St. Antönier Joch – Gafierjoch – Madrisajoch – Gafierjoch – Schafbergbahn Bergstation – Gargellen

ART: Wanderweg, Gafierjoch bis Madrisajoch unmarkierter, aber einfacher Steig

HÖHENMETER AUFSTIEG: gesamt ca. 500 m

DAUER/GEHZEIT: gesamt ca. 6 – 7 h, Schafbergbahn Bergstation/Antönier Joch ca. 2 h, Antönier Joch/Gefierjöchle ca. 1,5 h, Gafierjoch/Madrisajoch ca. 1,5 h, Madrisajoch/Gafierjoch 0,5 h, Gafierjoch/Schafbergbahn Bergstation 1,5 h

AUSRÜSTUNG: gute Bergschuhe, Wanderstöcke, Sonnenschutz, Kopfbedeckung, Wasser

AUSSICHT: Sulzfluh, Drusenfluh, Gamsluggen, Schesaplana, Rätschenfluh, Klostener Madrisa (Madrisahorn), Freygebirg auf Gargellner Seite, Gargellner Madrisa

EINKEHRMÖGLICHKEIT: Schafbergbahn Bergstation, im Sommer bewirtschaftet

BESTE WANDERZEIT: Juni, Juli, August, September

ÖFFENTLICH: Mit dem Zug bis Schruns, Landbus 87 von Schruns Bahnhof nach Gargellen Schafbergbahn, Fahrplan: www.vmobil.at

KARTE: Vorarlberg Atlas auf http://vogis.cnv.at

MADRISA UND MADRISA

Es gibt die Klostener Madrisa (2.826 m) auf Schweizer Gebiet und die Gargellner Madrisa (2.770 m) auf österreichischem Gebiet. Als der Schweizer Andreas Ludwig am 1. August 1892 die Gargellner Madrisa bestieg, fand er auf dem Gipfel in einer Flasche verstaute Visitenkarten österreichischer Vermessungsbeamter. Es war als vor ihm schon jemand da gewesen.

—Peter Strasser: Montafoner ReiseBilder, Montafoner Schriftenreihe 10, Schruns 2003, Seite 116.

DIE FENGGIN MADRISA

Von ihr heißt es in einer Sage: Leichtfüßig schritt sie über den Schnee den Felsenhörnern zu, die ihren Namen tragen. So verschwand sie und kam nicht wieder. Zuvor hatte sie dem Sohn eines Bauern auf den Saaser Alpen mit Wurzeln und Kräutern geholfen, sodass die Kühe besonders stattlich aussahen und reichlich Milch gaben. Der Sohn aber hatte sie eines Tages seinem Vater gezeigt, und Madrisa zog sich wieder in die Berge zurück.

Madrisa ist eine Fenggin, eine Salige oder eine Wildfrau und die einzige ihrer Art in der regionalen Sagenwelt. Salige sind helfende und auch strafende Gestalten. Sie kommen fallweise von den Bergen herunter, helfen den Bauern, geben Ratschläge, verweisen auf den Gebrauch der Kräuter, vermitteln das Wissen um die Verarbeitung von Milch zu Butter und Käse. Sie gelten zudem als „Herrinnen der Tiere" und können auch Lawinen und Muren auslösen.

Die Fenggin Madrisa wurde auch Göttin der Fruchtbarkeit genannt und mit der rhätischen Göttin Sontga Margriata in Verbindung gebracht.

—www.sagen.at

—www.cultura.at/haid/texte/berge.htm

BONHAM-CARTER IM HOTEL MADRISA

Der Jugendstiltrakt des Hotels Madrisa in Gargellen ist eines der wenigen Beispiele für die Architektur der Belle-Epoque-Phase des Alpentourismus in Vorarlberg (Architekt: Willibald Braun, Bregenz). Nach 1900 kamen Gäste aus aller Welt, darunter Hans Bertle, Schrunser Maler in München, Dr. Karl Blodig, Bregenzer Augenarzt, Bergsteiger und Alpinschriftsteller, Oberst Georg Bilgeri, Skipionier aus Bregenz, Edward Theodore Compton, englischer Landschaftsmaler und Bergsteiger, der Verleger Brockhaus aus Leipzig, Charles Bonham-Carter, englischer Gouverneur von Malta (1935 bis 1940).

Bonham-Carter war der Bruder des Urgroßvaters der heute international bekannten englischen Schauspielerin Helena Bonham-Carter. Sie spielte u.a. in *Wings of the Dove*, *Fight Club*, *Planet der Affen*, *Harry Potter*.

—Emailkorrespondenz vom 6. Februar 2007 mit Colin Harris, Department of Special Collections, New Bodleian Library, University of Oxford.

—www.madrisahotel.com

— Madrisajoch: Ausguck ins Gandertal —

ENDE UND ANFANG

Schlappiner Joch: Grenzpunkt zwischen den Gebirgsgruppen Rätikon und Silvretta. Schlappiner Joch: Endstation für zwei Wiener Freunde - im März 1938 werden Jura Soyfer und Hugo Ebner beim Versuch, mit Skiern in die rettende Schweiz zu gelangen, verhaftet. Schlappiner Joch: Übergang in eine neue Zeit - die Etappe auf der alten Via Valtellina wird heute reaktiviert und für Wanderer nutzbar gemacht.

JURA UND HUGO

Jura Soyfer war einer der bedeutendsten politischen Schriftsteller Österreichs in den 1930er Jahren. Seine Werke wurden in mehr als 30 Sprachen übersetzt. Hugo Ebner war nach den Februarkämpfen von 1934 ein illegal tätiger KPÖler. Beiden wurde es in Wien politisch zu heiß. Am 12. März 1938 nehmen sie daher gemeinsam den D-Zug von Wien nach Bludenz. Ihr Ziel ist die freie Schweiz. Ebner erinnert sich: „In Bludenz stiegen wir um und fuhren im Montafontal mit der Bahn bis Schruns, und dann stiegen wir auf bis Gargellen."

—Hugo Ebner: Wir versuchen es über die Berge, Online-Publikation, www.doew.at, Stand: Mai 2009.

DIE VERHAFTUNG IN GARGELLEN

Als „Skiwanderung" getarnt, versuchen die beiden Freunde am 13. März 1938 über die Grenze in die Schweiz zu flüchten. Auf dem Weg zum Schlappiner Joch werden sie von einer Gendarmeriepatrouille verhaftet, weil Soyfers Pass abgelaufen war und weil die Gendarmen in Ebners Rucksack eine Sardinenbüchse fanden, die er in (damals verbotene) Gewerkschaftszeitungen eingewickelt hatte.

Zwei Vorwände für eine Verhaftung: Soyfers abgelaufener Pass und die (verbotene) Gewerkschaftszeitung in Ebners Rucksack. Aus heutiger Sicht hätten die österreichischen Gendarmen ein Auge zudrücken können. Taten sie aber nicht. Sie handelten mit vorauseilendem Gehorsam, denn Ihre Vereidigung auf den Führer erfolgte erst eine Woche später, am 18. bzw. 19. März 1938.

Ebner schildert den dramatischen Augenblick: „Hinter Gargellen wurden wir von einer Gendarmeriepatrouille kontrolliert, die aus einem alten Gendarmen bestand, dem die ganze Sache nicht sehr angenehm war, einem zweiten, an den ich mich nicht mehr erinnere, und einem dritten, der offenbar ein Nazi war. Dieser bestand auf unserer Verhaftung, obwohl nach dem ersten Anblick eigentlich kein Grund vorhanden gewesen wäre. Als Vorwand nahm er Folgendes: In meinem Rucksack war eine Sardinenbüchse, die unnötigerweise in einem Stück Zeitungspapier eingepackt war. Diese Zeitung war eine durchaus legale Gewerkschaftszeitung aus dem Jahr 1936, also eine vaterländische. Aber er hat das zum Vorwand genommen, hat das als eine illegale Zeitung betrachtet und hat darauf bestanden, dass wir verhaftet werden und mitkommen."

—Hugo Ebner: Wir versuchen es über die Berge, Online-Publikation, www.doew.at, Stand: Mai 2009.

IM GEFÄNGNIS

Nach ihrer Verhaftung werden Soyfer und Ebner im Gemeindekotter in St. Gallenkirch festgehalten, am nächsten Tag nach Bludenz und schließlich am 16.

März ins Gefängnis des Landesgerichts Feldkirch überführt. Ebner schildert die Stationen: „Wir wurden von Gendarmen nach St. Gallenkirch hinuntergeführt, wo wir eine Nacht unter Bewachung verbrachten und wo unsere Bretteln geblieben sind auf Nimmerwiedersehen. Am nächsten Tag wurden wir nach Bludenz gebracht. In Bludenz haben wir einige Tage verbracht, das war ein sehr kleines, angenehmes, freundliches Gefängnis, wo uns der Gefängniswärter Filzpatschen zur Verfügung gestellt hat, damit wir den Boden nicht schmutzig machen. Von dort wurden wir nach Feldkirch gebracht, wo uns die Gestapo übernahm."

—Hugo Ebner: Wir versuchen es über die Berge, Online-Publikation, www.doew.at, Stand: Mai 2009.

DAS VERHÖR

Im Feldkircher Gefängnis werden sie von der Gestapo verhört, was bei Ebner schlimme Befürchtungen auslöste. Über das Verhör schreibt er: „Das hat sich im Keller abgespielt, und wie ich in den Keller hinuntergeführt wurde, ist mir alles in Erinnerung gekommen, was ich jemals aus Deutschland über die Gestapo gelesen hatte. Aber der Gestapobeamte wollte nur wissen, wer ich war und was ich gemacht habe. Ich musste natürlich alles, was dokumentarisch nachprüfbar war und was sicher in meinem Akt in der Wiener Zentrale aufgelegen ist, sagen, aber es hat sich alles in zivilisierten Formen abgespielt."

—Hugo Ebner: Wir versuchen es über die Berge, Online-Publikation, www.doew.at, Stand: Mai 2009.

NACH DACHAU

Soyfer und Ebner werden am 3. Juni 1938 von Feldkirch ins Polizeigefängnis Innsbruck überstellt und treffen einen prominenten Mitgefangenen: Altlandeshauptmann und Altbundeskanzler Otto Ender, der 1934 als Verfassungminister für die autoritäre Ständestaatverfassung verantwortlich zeichnete. Auf Spaziergängen im Gefängnishof kommen sie mit Ender ins Gespräch. 20 Tage später, die Schreckensmeldung Dachau! Dazu Hugo Ebner: „Im April oder Mai wurden wir nach Innsbruck überstellt, (...) Mit dem ehemaligen Bundeskanzler Ender (...) haben wir uns beim Spaziergang im Hof unterhalten. (...) Dann, eines Tages im Juni, das war so der 22. Juni, haben wir im Hof in der Früh Bewegung gesehen und gehört. Eine Kompanie SS war angetreten, das müssen ganz ausgewählte Leute gewesen sein, so alle in der Größe von 1,90 m oder mehr, und da hieß es: Überstellung nach Dachau!"

—Hugo Ebner: Wir versuchen es über die Berge, Online-Publikation, www.doew.at, Stand: Mai 2009.

Am 23. Juni 1938 werden die beiden ins KZ Dachau transportiert. Dort schreibt Soyfer das berühmte Dachau-Lied, das von Herbert Zipper vertont wurde. Im Herbst 1938 wird Soyfer ins KZ Buchenwald verlegt und stirbt dort am 16. Februar 1939 an Typhus, wenige Tage nachdem er seine Einreisepapiere in die USA erhalten hatte. Hugo Ebner konnte im Juli 1939 nach Großbritannien emigrieren. Vom Herbst 1940 bis Juni 1942 war er in Kanada interniert. 1946 kehrte er nach Wien zurück.

—Edith Hessenberger: Gescheiterte Grenzüberschreitungen, in: Grenzüberschreitungen. Von Schmugglern, Schleppern, Flüchtlingen. Schruns 2008, Seite 177 – 191.

—Hermann Brändle, Gernot Egger, Meinrad Pichler, Von Herren und Menschen: Verfolgung und Widerstand in Vorarlberg 1933 – 1945, 1985.

—www.soyfer.at

EINE NEUE ZEIT

Das Schlappiner Joch, wo das Drama um Soyfer und Ebner begann, ist heute Friedensland und für Wanderer ein beliebter Übergang von Gargellen/Österreich nach Schlappin/Schweiz oder umgekehrt. Das Joch ist Teil der historischen Route Via Valtellina (ein ehemaliger Säumerweg vom Montafon über Graubünden nach Oberitalien).

Im Rahmen eines EU-Projektes, bei dem auch die Montafoner Museen, der Stand Montafon und die Gemeinde St. Gallenkirch miteingebunden sind, wird die Via Valtellina auch auf Montafoner Gebiet für Wanderer wieder begehbar gemacht. Teilstücke sollen neu erstellt, bestehende Wege verbessert und alte Wegmauern saniert werden.

—www.stand-montafon.at

Und es ist wie es war.
Und es war wie es ist.
Und es ist wie es sein wird.
Der Weg, der Weg!

ZUM SCHREIBEN

Auf der Tour, auf der Hütte, im Café und auf der Couch…

STICHWORT- UND NAMENSREGISTER

SAGEN AUS DEM RÄTIKON

LITERATUR

ANKER, DANIEL / RETTNER, RAINER: Corti-Drama, Tod und Rettung am Eiger 1957-1961, Zürich 2007.

B. T.: 50 Jahre Gipfelkreuz auf der Schesaplana (2.976 m), in: Hörbranz aktiv Sept. 1999, Nr. 110, Seite 40 - 43.

BARNAY, MARKUS: Wem gehören die Berge, in: Zwischen himmelstürmenden Gipfeln, 100 Jahre Straßburger/Mannheimer Hütte und Oberzalimhütte, Mannheim 2005, Seite 106 – 108.

BENVENUTI, OLIVER: Säumer und Fuhrleute, die Spediteure der Vergangenheit. Feldkirch 1998.

BERCHTOLD, ADOLF: Die Vorarlberger Illwerke und die Erschließung der Bergwelt, in: Vorarlberg, eine Vierteljahreszeitschrift, Jg. 7, Heft 4, 1969, Seite 39 – 44.

BLODIG, KARL: Wanderungen im Rätikon, in: Bergheimat, Jahresschrift des Liechtensteiner Alpenvereins 1959, Seite 13 – 31.

BLODIG, KARL: Wanderungen im Rätikon, in: Zeitschrift des Deutschen und Österreichischen Alpenvereins, Band 31, 1900, Seite 280 – 299.

BLODIG, KARL: Wanderungen im Rätikon, in: Zeitschrift des Deutschen und Österreichischen Alpenvereins, Band 32, 1901, Seite 268 – 297.

BRÄNDLE, HERMANN / EGGER, GERNOT / PICHLER, MEINRAD / WALSER, HARALD: Von Herren und Menschen. Verfolgung und Widerstand in Vorarlberg ; 1933 – 1945, Bregenz 1985.

BRUGGER, ANDREAS: Vom Pioniergeist zum Massensport. 100 Jahre Skisport im Montafon, Schruns 2006.

BURGER, ERNST: Der Bürgermeister der Südwand – von der ersten Durchsteigung der Südwand des großen Drusenturms, in: Berge und Heimat, Jg. 8, 1953, Seite 208 – 213.

BURMEISTER, KARL HEINZ: Fremdenverkehr und Alpinismus, Vorarlberg Chronik, Online-Publikation, http://apps.vol.at, Stand: Mai 2009.

DREIER, WERNER: Max Riccabona im KZ Dachau – Worüber er nicht schreiben konnte, Online-Publikation, www.malingesellschaft.at, Stand: Mai 2009.

DOUGLASS, JOHN SHOLTO: Die Sulzfluh, das Schwarzhorn und die Tschaggunser Mittagsspitze im Montavon, in: Zeitschrift des Deutschen Alpenvereins, Band II, Jahrgang 1870/71, Seite 1 - 12.

DOUGLASS, JOHN SHOLTO: Jahresbericht der Section Vorarlberg des deutschen Alpen-Vereins pro 1871/1872, in: Norman Douglass: Monographs Vorarlberg „Together", 1872 -, Seite 12 – 13.

DOUGLASS, JOHN SHOLTO: Der Drei-Schwestern Berg bei Frastanz, in: Norman Douglass: Monographs Vorarlberg „Together", 1872, Seite 102 – 110.

EBNER, HUGO: Wir versuchten es über die Berge, Online-Publikation, www.doew.at, Stand: Mai 2009.

FESSLER, KLAUS: Die Geschichte der Bären in Vorarlberg und Umgebung, o. J.

FLAIG, HERMINE: Im westlichen Rätikon, in: OeAV-Mitteilungen, Jahrgang 33/103, 1978, Seite 81 bis 82.

FLAIG, HERMINE: Von den Anfängen der Touristik, in: Montafoner Heimatbuch, Schruns 1974, Seite 357 – 369.

FLAIG, HERMINE: Die Gipfelmaus, in: Franz Heinz Erne, Der Obere Walgau, 1959, Seite 120.

FLAIG, HERMINE UND WALTHER: Alpenpark Montafon, Schruns 1972.

FLAIG, GÜNTHER UND WALTHER: Rätikon, München 1966.

FLAIG, GÜNTHER: Rätikon, München 1999.

FLAIG, WALTHER: Das Rätikongebirge, in: Wolfgang Irtenkauf Scesaplana: Faszinierende Bergwelt des Rätikon zwischen Vorarlberg, Liechtenstein und Graubünden, Sigmaringen 1985, Seite 9 – 24.

FLAIG, WALTHER: 100 Jahre Alpenverein in Vorarlberg, in: Vorarlberg, eine Vierteljahreszeitschrift, 7. Jg., Heft 3, 1969, Seite 6 – 21.

FLAIG, WALTHER: Der Skipionier Viktor Sohm, in: Vorarlberg, eine Vierteljahreszeitschrift, 7. Jg., Heft 4, 1969, Seite 25 – 30.

FLAIG, WALTHER: Der Alpenverein vor dem Arlberg, in: Berge und Heimat, Jg. 8, 1953, Seite 216 – 222.

FLAIG, WALTHER: Bücheltonis Toni, in: Berge und Heimat Jg. 3, 1948, Seite 261 – 265.

FLEISCHER, THOMAS: Gipfelkreuze – Wetterkreuze: ihre Entstehung, Entwicklung, Geschichte und Bedeutung, Online-Publikation, www.alpiticus.de, Stand: Mai 2009.

GAMON, KARL: Sagen und Geschichten aus Nenzing, Nenzing 1997.

GAMON, KARL: Der Mord im Salarueltal, in: Vorarlberger Volkskalender, 1990, Seite 47 – 54.

GAMON, KARL: Alpinismus in Nenzing, Feldkirch 1987.

GAMON, KARL: Der Wilddieb im Gamperdona, in: Vorarlberger Volkskalender, 1981, Seite 114 – 118.

GAMON, KARL: Der Nenzinger Himmel, in: Franz Heinz Erne, Der Obere Walgau, 1959, Seite 89 – 92.

GAMON, THOMAS (Hrsg.): Im Nenzinger Himmel, Hohenems 2000.

GAMON, THOMAS (Hrsg.): Der Nenzingerberg, Das verlassene Walserdorf, Nenzing 2007.

GAMON, THOMAS: Klettersteig mit Folgewirkung. Straußsteig und Spusagang am Panüeler, in: Zwischen himmelstürmenden Gipfeln, 100 Jahre Straßburger/Mannheimer Hütte und Oberzalimhütte, Mannheim 2005, Seite 44 – 48.

GANTNER, JOHANN: Gottvertrauen im Radonatobel, in: Vorarlberger Volkskalender, 1980, Seite 84 – 86.

GERBOSA, KLAUS: Rettet die Schesapalana, Aufruf zur Europäischen Aktion zur Rettung des Brandner Ferners beide in: Der Bergsteiger, Jg. 47, 1980, Seite 28 – 31.

GRABHER, GEORG: Biotopinventar Montafon, Innsbruck 1984.

GROSS, GÜNTHER: Die geschichtliche Bedeutung der Gebirgspässe zwischen Montafon, Paznaun und Graubünden. Innsbruck 1975.

GULBRANSSON, GRETE: Geliebte Schatten, Berlin 1936.

HAEFELE, FRANZ: Aufsätze und Bilder aus der Geschichte Vorarlbergs und seiner Umgebung, Dornbirn 1922, Online-Publikation, www.sagen.at, Stand: Mai 2009.

HEMINGWAY IM MONTAFON, in: Das Montafon und seine Berge, 1933, Seite 39 – 42.

HEROLD, SEPP: Das höhere Leben – der Bergsteiger Carl Blodig, in: Vorarlberg, eine Vierteljahreszeitschrift, Jg. 7, Heft 4, 1969, Seite 6 – 8.

HESSENBERGER, EDITH: Gescheiterte Grenzüberschreitungen, in: Edith Hessenberger: Grenzüberschreitungen, von Schmugglern, Schleppern, Flüchtlingen, Schruns 2008, Seite 177 -193.

HESSENBERGER, EDITH: Von Grenzüberschreitern und Grenzbewachern, in: Edith Hessenberger: Grenzüberschreitungen, von Schmugglern, Schleppern, Flüchtlingen, Schruns 2008, Seite 177 – 193.

HIEBELER, TONI: Eroberungen im Rätikonfels, in: Vorarlberg, eine Vierteljahreszeitschrift, Nr. 7, Heft 3, 1969, Seite 66 – 73.

HIEBELER, TONI: Meine Heimatberge, in: Berge, Nr. 4, Bern 1983, Seite 34 – 38.

HIEBELER, TONI: Rätikonwände im Wandel der Zeit, in: Der Bergsteiger, Jg. 50, 1983, Seite 6 – 13.

IMHOF, EDUARD: Dialoge im Rätikon, in: Der Uot, Jahrgang 48, 1970, Seite 154 bis 156.

IRTENKAUF, WOLFGANG: Scesaplana, Sigmaringen 1985.

JÄGER, DIETMAR: Die Tierwelt des Montafons, in: Montafon 1 – Mensch, Geschichte, Naturraum, Schruns 2005, Seite 93 – 140.

JUSSEL, GUNTRAM: Erlebnis Alpenvereinsgeschichte „Section Vorarlberg“ – Douglaß, Jehly & Co, in: Bludenzer Geschichtsblätter, Heft 85, 2007, Seite 11 – 34.

JUSSEL, GUNTRAM: John Sholto Douglaß 1838 – 1874, in: Der Bergfreund, Jg. 56, 2004,Seite 15 – 18.

JUSSEL, GUNTRAM: Berge und Menschen – ein alpines Lesebuch, Bludenz 1995.

JUSSEL, GUNTRAM: Hommage au Montafon – eine Liebeserklärung, in: Bludenzer Geschichtsblätter, 1995, Heft 24-26, Seite 58 – 94.

KASPER, MICHAEL: Grenzgeschichte. Historisches zum Thema Grenze im Montafon, in: Edith Hessenberger: Grenzüberschreitungen, von Schmugglern, Schleppern, Flüchtlingen, Schruns 2008, Seite 25 – 51.

KASPER, MICHAEL: Durchgang ist hier strengstens verboten. Die Grenze zwischen Montafon und Prättigau in der NS-Zeit 1938-1945, Seite 79 - 109, in: Edith Hessenberger: Grenzüberschreitungen, von Schmugglern, Schleppern, Flüchtlingen, Schruns 2008, Seite 79 – 109.

KIERMAYR-EGGER, GERNOT: Zwischen Kommen und Gehen. Zur Sozial- und Wirtschaftsgeschichte des Montafons, Schruns 1992.

KRIEG, WALTER: Flora und Fauna, in Montafoner Heimatbuch, Schruns 1974, Seite 57 – 81.

LUGER, KURT / REST, FRANZ (Hrsg.): Der Alpentourismus, Innsbruck 2002.

MAULL, OTTO: Die Sulzfluh vom Drusentore aus, in: Mitteilungen des Deutschen und Österreichischen Alpenvereins, 1908, Nr. 22, Seite 275 bis 276.

NACHRUF ERNST BURGER 1910 – 1999, in: Bergfreund, Jg. 51, 1999, Seite 15.

NACHRUF JOHN SHOLTO DOUGLASS, in: Mitteilungen des Deutschen und Österreichischen Alpenvereins, Jahrgang 1875, Nr. 1, Seite 26 bis 27.

NÄGELE, HANS: Vorarlberger Frauenbilder, Bregenz 1973.

NÄGELE, HANS: Zum fünfzigjährigen Bestande des Deutschen und Österreichischen Alpenvereins, in: Feierabend, Wochenbeilage zum Vorarlberger Tagblatt, Jg. 2, 1920, Seite 29 - 33.

REITER, ANDREAS: Der Berg als Lifestyle-Bühne, Online-Publikation, www.ztb-zukunft.com, Stand: Mai 2009.

REIMOSER, SPÖRK, DUSCHER, AGREITER: Evaluierung der Wild–Umwelt–Situation im Bundesland Vorarlberg, Online-Publikation, www.vorarlberg.at, Stand: Dezember 2005.

SCHLIEPER, ULRICH: Hat der Alpinismus Zukunft?, in: Zwischen himmelstürmenden Gipfeln, 100 Jahre Straßburger/Mannheimer Hütte und Oberzalimhütte, Mannheim 2005, Seite 136 – 142.

SCHNEIDER, ERICH: Der Alpsegen, in: Vorarlberger Volkskalender 1991, Seite 61 – 62.

SCHURIG, HEINZ: Sage: Die Drei Schwestern, Online-Publikation, www.frastanz.at, Stand: Mai 2009.

SEGER, OTTO: Sagen aus Liechtenstein, Nendeln/Liechtenstein, 1966/1980.

SERERHARD, NICOLIN: Auf dem Tschingel, in: Wolfgang Irtenkauf, Scesaplana: Faszinierende Bergwelt des Rätikon zwischen Vorarlberg, Liechtenstein und Graubünden, Sigmaringen 1985, Seite 53 bis 55.

LITERATUR

SERERHARD, NIKOLAUS: Meine Schaschaplana-Bergreis, in: Vorarlberg, eine Vierteljahreszeitschrift, 7. Jg., Heft 3, 1969, Seite 22 – 26.

SOYFER, JURA: Online-Publikation, www.soyfer.at, www.kultur-online-net, www.wikipedia.de, Stand: Mai 2009.

STÖSSER, WALTER: Unheimliche Südwandschlucht der Drusenfluh, in: Vorarlberg, eine Vierteljahreszeitschrift, Nr. 7, Heft 3, 1969, Seite 58 – 65.

STOPPEL, MANFRED: Uns wächst eine herrliche Jugend heran! Norderstedt Books on Demand, 2004.

STRASSER, PETER: Montafon – auf der Suche nach der „Eigenart" des Tales, in: Andreas Rudigier (Hrsg.): Heimat Montafon, eine Annäherung, Schruns 2007, Seite 47 – 99.

STRASSER, PETER: Utopien am Gletscher. Nicht realisierte Großprojekte rund um die Mannheimer Hütte, in: Montafoner Museen, Jahresbericht 2006, Schruns 2007, Seite 27 – 36.

STRASSER, PETER / RUDIGIER, ANDREAS: Montafon 1906 – 2006. Eine Zeitreise in Bildern. Schruns 2006.

STRASSER, PETER: Kampf um den Gletscher, in: Zwischen himmelstürmenden Gipfeln, 100 Jahre Straßburger/Mannheimer Hütte und Oberzalimhütte 1905 – 2005, Mannheim 2005, Seite 48 - 57.

STRASSER, PETER: Montafoner ReiseBilder, Montafoner Schriftenreihe 10, Schruns 2003.

TRUSCHNEGG, BRIGITTE: John Sholto Douglass 1838-1874, Seite 69 - 80, in: Andreas Rudigier, Villa Falkenhorst, Bludenzer Geschichtsblätter, 2002, Seite 69 – 81.

TSCHOFEN, BERNHARD: Der Modellfall Schesaplana, in: Zwischen himmelstürmenden Gipfeln, 100 Jahre Straßburger/ Mannheimer Hütte und Oberzalimhütte, Mannheim 2005, Seite 32 – 44.

TSCHOFEN, BERNHARD: Berg, Kultur, Moderne. Volkskundliches aus den Alpen. Wien 1999.

TSCHAIKNER, MANFRED: Von den Tobelhockern, ein Vortrag auf Tuass, Online-Publikation, www.historicum.net, Stand: Mai 2009.

VARGA, LUCIE: Zeitenwende, Mentalhistorische Studien 1936 – 1939, Hrsg. von Peter Schöttler, Frankfurt am Main 1991, Seite 146 bis 169.

VERMUNT, MAX: Stille Winkel in Vorarlberg, in: Norman Douglass: Monographs Vorarlberg „Together", 1872, Seite 1 – 27. Von alten und neuen Hütten, in: Bergfreund, 2001/3, Seite 15.

VORARLBERGER BIOTOPINVENTAR 1984/89.

VORARLBERGER GESETZ über Naturschutz und Landschaftsentwicklung, 1997.

VORARLBERGER LANDESARCHIV: Schreibweise von Örtlichkeiten in Vorarlberg, Stand 1960/61.

VORARLBERGER LANDES-ZEITUNG: Von Wilderern erschossen, 29.9.1913.

WAAG HELMUT: 100 Jahre Lindauer Hütte, Festschrift zum 100-jährigen Bestehen der Lindauer Hütte, Lindau 1999.

WANNER, GERHARD: Flüchtlinge und Grenzverhältnisse in Vorarlberg 1938 – 1944, in: Rheticus, Heft 3/4, 1998, Seite 227 – 271.

WEGFREIHEIT IM WALD UND IM BERGGEBIET, in: Rechts-Infotext des Österreichischen Alpenvereins, 2004.

WEILENMANN, JOHANN JAKOB: In drückender Einsamkeit, in: Wolfgang Irtenkauf, Scesaplana: Faszinierende Bergwelt des Rätikon zwischen Vorarlberg, Liechtenstein und Graubünden, Sigmaringen 1985, Seite 76 – 77.

WOLF, GÜNTHER J.: Paradies ohne Wiederkehr, Hemingway im Montafon, Bludenz 2000.

WÜRTH, RUDOLF / BARNAY, MARKUS: Erschließungssteig für Schwindelfreie, in: Zwischen himmelstürmenden Gipfeln, 100 Jahre Straßburger/Mannheimer Hütte und Oberzalimhütte, Mannheim 2005, Seite 68 – 72.

WÜRTH, RUDOLF: Der Bau der Straßburger Hütte, in: Zwischen himmelstürmenden Gipfeln, 100 Jahre Straßburger/Mannheimer Hütte und Oberzalimhütte, Mannheim 2005, Seite 72 – 76.

ZIMBA: Name und Sage, in: Berge und Heimat Jg. 3, 1848, Seite 272.

ZÖSMAIR, JOSEF: Die Bergnamen Vorarlbergs, Dornbirn 1923.

ZUDRELL, CHRISTIAN: Die Ersteigung der Drusenfluh 1870, in: Vorarlberg, eine Vierteljahreszeitschrift, Nr. 7, Heft 3, 1969, Seite 57.

ZURKIRCHEN, JOSEF: Vom schönen, harten Leben auf der Alp, in: Berge, Nr. 4, Bern 1983, Seite 60 – 63.

Emailkorrespondenzen mit

HANS AMANN, Stadtwerke Feldkirch, Emailkorrespondenz über die Goppatquelle, vom 21. Juli 2008.

ANDREAS BRUGGER, Montafon Archiv, Montafoner Heimatmuseum Schruns, Emailkorrespondenz über Johann Josef Zudrell, vom 29. 1. 2008.

THOMAS GAMON, Marktgemeindearchiv Nenzing, Emailkorrespondenz über die Namensbedeutung von „Panüeler", vom 30. August 2007, über den Landschaftsmaler Karl Heine, vom 4. Juni 2007, über die Drachensage im Galinatobel, vom 21. Oktober 2008, über Christian Küng, vom 23. März 2009, sowie über Gipfelkreuze, vom 23. März 2009.

HELMUT GERSTER/CHRISTIAN WACHTER, Verein Villa Falkenhorst/Geschäftsführung Villa Falkenhorst, Emailkorrespondenz über John Sholto Douglass, vom 21. Jänner 2008.

COLIN HARRIS, Department of Special Collections, New Bodleian Library, University of Oxford, Emailkorrespondenz über die Bonham-Carters, vom 6. Februar 2007

GUNTRAM JUSSEL, Emailkorrespondenz über die Toten der Südwand in den 1920er Jahren vom 27. August 2008, 14. September 2008, 18. September 2008, 4. Oktober 2008, 30. Oktober 2008 und 22. November 2008. Über die Namensbedeutung von Tilisuna, vom 1. September 2008.

BRIGITTE KASPER, Illwerke Tourismus, Emailkorrespondenz über Beförderungsfrequenzen der Lünerseebahn, vom 14. März 2007.

WOLFGANG MORSCHER, Zentraler Informatikdienst, Universität Innsbruck, Emailkorrespondenz über die Bedeutung der Drei-Schwestern-Sage, vom 27. März 2008.

CHRISTIAN NEYER, Gemeindeamt Frastanz, Emailkorrespondenz über die Bedeutung des Namens „Goppaschrofen", vom 16. Juli 2008.

CARMEN REITER/WERNER VOGT, Stadtarchiv Bludenz, Emailkorrespondenz über die Namensbedeutung „Eisernes Törle", vom 5. August 2008.

PETER STRASSER, Emailkorrespondenz über Karl von Seyffertitz, vom 18. Oktober 2008.

WENDELIN TSCHUGMELL, Emailkorrespondenz über Erstbegehungen in der Drusenfluh Südwand vom 3. März 2007, über die Entstehung des Südwandsteigs und Schmugglerwege im Rätikon vom 5. Juli 2007 und über den Weg Drusentor/Sulzfluh vom 3. Dezember 2008.

BERND WELTE, Bezirkshauptmannschaft Bludenz, Emailkorrespondenz über den Jagdkataster im Rätikongebiet mit Übersichtskarte, vom 18. März. 2007.

Gespräche mit

ALBERT NESSLER, Jäger in Brand, über die Jagd im Rätikon, am 30. Juni 2007.

THOMAS GAMON, Gemeindearchivar von Nenzing, über den Rätikon, am 25. Februar und 21. April 2009.

HELMUT GASSER, Hüttenwirt Totalphütte, über den Südwandsteig, am 1. Juli 2007.

GÜNTHER FLAIG, Brand, über das Bergwandern im Rätikon, am 17. Mai 2008

REINHARD GANAHL, Schuldirektor i. R. in Brand, über Rätikon Geschichten und Geschichte, am 23. August 2008.

Websites

www.alpiticus.de
www.biographien.ac.at
www.frastanz.at
www.historicum.net
www.historisches-alpenarchiv.org
www.hvfl.li/namenbuch
www.madrisahotel.com
www.malingesellschaft.at
www.nenzinger-himmel.at
www.nytimes.com
www.romankoch.ch/alpinismus
www.sagen.at
www.stand-montafon.at
www.triesen.li
www.vmobil.at
www.wikipedia.de

Essen, Trinken und Schlafen im Rätikon und im Reader

VORARLBERG

GRAUBÜNDEN

LIECHTENSTEIN

BIG THANKS

Für Antworten auf meine Fragen danke ich
Andreas Brugger, Montafon Archiv, Montafoner Heimatmuseum Schruns
Günther Flaig, Brand
Helmut Gasser, Totalphütte, Brand
Reinhard Ganahl, Brand
Guntram Jussel, Bludesch
Hanno Loewy, Jüdisches Museum Hohenems
Albert Nessler, Brand
Peter Strasser, Montafon Museen Schruns
Bernhard Tschofen, Ludwig Uhland Institut für Empirische Kulturwissenschaft, Universität Tübingen
Wendelin Tschugmell, Schruns
Wolfgang Weber, Registratur Vorarlberger Landesarchiv
Bernd Welte, Bezirkshauptmannschaft Bludenz

Für die Erlaubnis, Texte zu verwenden, danke ich
Wolfgang Morscher, zentraler Informatikdienst der Universität Innsbruck. Online-Sammlung www.sagen.at

Dem DÖW (Dokumentationsarchiv des österreichischen Widerstands). Online-Text Hugo Ebner „Wir versuchten es über die Berge“

Für Hinweise zu interessanten Personen/Quellen danke ich
Franz Haag, ÖAV-Sektion Vorarlberg, Bezirk Montafon
Jörg Gerstendörfer, Rankweil
Andreas Rudigier, Montafoner Heimatmuseum Schruns

Für die Digitalkamera danke ich
Gerold Vögel, Information Service Fachhochschule Vorarlberg

Für Unterstützung und Loyaliät danke ich
Sigi Ramoser, Sägenvier Designkommunikation, Dornbirn

Besonderen Dank an
Thomas Gamon, Marktgemeindearchiv Nenzing. Es gibt tatsächlich Edelsteine im Rätikon. Er ist einer davon.

Peter Niedermair, Geschäftsführung www.errinnern.at. Er war meine Rückversicherung, Master of Ceremony and Context. Greetings MCC!

Für das Vergnügen, nicht nur solo durch die Gegend gestiefelt zu sein, danke ich meinen TourenbegleiterInnen
Anita und Roland Breuss, Göfis
Algund Egger, Bregenz
Edith und Christoph Greussing-Mangeng, Nenzing
Gabi und Josef Huber, Klaus
and forever: Barbara Kaiser, Feldkirch

Hermann Braendle

Texter und Co Partner bei Sägenvier.
Studierte Germanistik und Geschichte an der Uni Innsbruck.
Spielte Bass bei den Commercials.
Mischte längere Zeit in London mit (Maurice & Borris, Paradise Productions, Open University)

Heute im Netz
gutername.blogspot.com
www.saegenvier.at

Veröffentlichungen
Hot Shot, Ö1 Literatur, 1980.
Widerstand und Verfolgung in Vorarlberg 1934 – 1945. Co-Autor. Bregenz, 1983.
Von Herren und Menschen. Verfolgung und Widerstand in Vorarlberg 1933 – 1945. Co-Autor, Bregenz 1985.
Strictly Garage, in: Kein Außen, kein Innen, Bregenz 1994.
Texte auf der LCD Lichtzeile im Flex Wien, 2002.
Scars: Männer über vierzig, Bucher Verlag 2007.
Schneemann: Ein Berg und Tal Krimi, Bucher Verlag 2009.
Rätikon Reader, Bucher Verlag 2009.

Lebt in Bregenz/Österreich.
Liebt Bergwandern.
… und manchmal Rockmusik.